中学校を「荒れ」から立て直す!

まえがき

『教室ツーウェイ』二〇〇六年四月号の向山洋一氏の巻頭論文を読んだ時の衝撃が、今も鮮明に残っている。

教師に必要な力は「授業力」と「統率力」である。その明快な定義に心底納得したのである。

当時私は新卒五年目。教師の仕事の輪郭がようやくわかりかけていた頃だった。

周囲には、授業を荒らしてしまう人や学級を毎年混乱させてしまう人がいた。その人たちの実践を見、「どうしてこのような事態になってしまうのか」と考えていた、ちょうどその時、向山氏の定義に出会ったのである。

授業力と統率力は別個ではない。両者は強固に結びついている。

優れた実践家を見ればわかる。授業力の高い教師は統率力も高く、集団を統率できる教師は授業力も高い。

では、授業力はどう高めればよいのか。

答えは向山氏の主張の中に、はっきりとある。


一つは、優れた実践を数多く追試することである。

一つは、目利きの前での模擬授業を積み重ねることである。

そして、TOSS授業技量検定を受検することである。（コラム③40・41ページ参照）

では、統率力はどうか。

「明確なビジョンと責任感」（向山氏）を抱き続けることは、統率者としての大前提である。

そのうえで、まずは「子どもを動かす法則」を身につけることである。

同時に、「黄金の三日間」（58ページ参照）や「発達障害の子どもへの理解と対応」など、優れた研究・実践から学び続けることである。

さらに、「発声や指示の出し方の修業」も欠かせない。向山氏のような優れたリーダーの「統率場面」を何度も何度もこの目で見ることも、私は重視している。

また、共に学ぶ仲間を求め、出会い、組織し、サークルとして運営することも、向山氏は常に勧めている。集団統率の腕をあげるには、集団統率の経験を意図的に積んでいくことが必要なのである。

私のサークルには、学級を崩壊させてしまった人、授業崩壊に悩んで一度退職したが教師の道を諦めきれず復職した人などが次々と入ってくる。

先に述べたことを、私は毎年彼らに伝え続けている。

彼らはTOSSで学び、例外なく力をつけ、現在、幸せな教師人生を歩んでいる。

だが、である。彼らのように苦しんでいる教師は、全国に数多くいる。私たちTOSSの知らないところで、一人悩み苦しんでいる教師たちが存在する。その人たちが手に取り、元気づけられ、進むべき道が明らかになる。――そんな書籍をつくりたい。そう考えていた矢先、本書を執筆するチャンスをいただいた。

まだ見ぬ人たちの姿を思い浮かべながら、一本一本の原稿を書いた。本書を手に取り、教師人生に一縷の希望の光を見出した人と、いつかどこかで出会い、語り合いたい。

最後になりますが、執筆の機会をくださった学芸みらい社の青木誠一郎社長と、常に先を見据えた指導をくださるTOSS代表向山洋一先生に感謝申し上げます。

二〇一三年冬

NPO法人埼玉教育技術研究所代表　長谷川博之

目次

第3章 実録 長谷川の模擬授業修業 103

第4章

模擬授業で教室の発達障害児への対応力を磨く

第1章

学校は授業で荒れる

1 学校の荒れは、授業の荒れから始まる

1 学校現場には、授業力向上の方策こそ必要である

学校は数多くの課題を抱えている。

その解決のために、教師や関係機関が努力を重ねている。

しかし、である。

そこに「授業力向上の方策」を伴っていなければ、学校の抱える問題が解決することはない。

学校では日々さまざまな問題が生じる。荒れている学校では言うまでもない。周囲に「平和」と評される学校であっても、例外ではない。

問題の背後には、「教師」「家庭」「地域」などいくつもの原因が絡み合っているとの指摘が多い。それは理解できる。だが、根本的な原因が「授業」にあることを指摘する人は少ない。「教員の質」とは、究極的に言えば、「授業力」であるのに、である。

こう断言するもとになっている、ここ数年の経験を述べる。

2 学校の荒れの根本原因は、教員の授業力の低さにある

ある年、荒れた中学校に異動した。二、三年の授業の大部分が崩壊していた。

対教師暴力の件数自体は少なかった。だが、無秩序であった。ケータイをいじる、机に突っ伏す、手紙を回す、おしゃべりをする。あるいは、無気力から何も手をつけない。授業エスケープなど日常茶飯事だった。授業に行けば常に空席が五、六あった。終了五分前にのそのそと入ってくる者もいた。授業中に廊下のガラスを割ったり、教室の壁を蹴飛ばしたりする者もいた。

異動初日、私は一学年担任、生徒指導担当、生徒会担当、特別支援担当、校内研修授業研究部長という分掌を担うことを知った。国語科の教師はもう一人いたが、私が全学年の授業を担当することにもなっていた。すべての生徒と関わり、「学校再生の最前線」に立て、との命であると理解した。

ひと月仕事をして、確信した。

荒れは授業で始まり、授業で助長されている。

授業が荒れるのは、授業技量を向上させるシステムが校内に構築されていないからである。教師の腕が限りなくアマチュアに近く、授業の質があまりにも低いからである。

特に、中学校はそうである。

確かに生徒指導や部活指導で忙しい。時間が限られているのもわかる。神経も消耗する。

それにしても、授業の勉強を本気でやっている教師が、圧倒的に少ない。多くが中身の薄い、思いつきの、力のつかない授業をなんとなくこなして一日を終えている。また、説明ばかりで子どもを飽きさせるような、あるいは、曖昧な発問・指示で子どもを混乱させるような授業をしておいて、騒ぎ出した子どもを怒鳴ったり、「連帯責任だ」などといって成績をマイナスしたりという、傲慢かつ強権的な手を使っている。

誰も、子どもの事実を自分の責任だとは思っていない。

こんなことでは、子どもが荒れて当たり前である。

生徒指導は「生き方指導」であり、腕を磨けばいくらでも授業の中でできるのに、そういう視点がないのだ。

授業で子どもとの関係をつくり、授業で子どもに生きる自信を抱かせる、という気概がない。

授業に本気でない証拠に、研究授業をするのは年に数人だった。十年間以上、授業を研究授業の俎上に載せていない教師が山ほどいた。これはすなわち「内部評価」をさえ受けていない教師が少なくない、ということである。

授業後の協議会も、労多くして実り少なし、の典型だった。褒め合い、かばい合い、そして果てなく繰り広げられる印象批評。授業の事実に基づかないから、議論にさえならない。きわめつけは、「その教科は専門外ですから、わかりません」だ。

私は、「あなたも教師でしょう、授業の原理原則は共通していますよ」、と新卒以来幾度となく発言してきた。

ＴＯＳＳに集い、学ぶからこそ、そういう視点から物を言えた。

こんな体験がある。

私は新卒で学年五クラスの中規模校に赴任した。

ある年、数学科の同僚が研究授業をすることになった。授業は、ばりばりの「問題解決学習」だった。

私はＴＯＳＳの書籍で読んだとおりの光景を目にした。

プリント一枚に数十分をかける。できる子は幾通りもの解法を考える。六人のできない子は、五分ほどあれこれと粘ったが一人、また一人と突っ伏し、授業から脱落していった。男子二人は、これも書籍のとおり、プリントにぐちゃぐちゃと落書きを始めた。

授業後の協議で、私は授業の改善すべき点を指摘し代案を示した。同僚だからこそ言わねばならぬという気持ちと、授業を見せてもらったのだから、批判をするのが礼儀であるとの思いがあったのだった。

授業者はうなずいて聞いていた。他の教師からは、具体的な事実を抽出しての発言はなかった。ある教師は、「ああいう授業でよい。考えさせているからよい」と述べた。

私は反論した。「では、あの突っ伏してしまった六人はどうなるのか」と。返答はなかった。失笑されて終わったのだった。こんな協議を百年やっても授業の腕はあがらない。子どもに力をつける授業はできない。そう確信した。

また、こんなこともあった。

新卒四年目、五年目と埼玉大学附属小学校の夏季研究発表会で提案者を務めた。もちろん、向山型国語で生み出した子どもの事実を持って参加した。できない子ができるようになった具体例をいくつも発表した。短時間で模擬授業も行なった。

協議会で、指導者の大学教授が言った。

「できない子がいてもいいんじゃないですか。リズムとかテンポとか、そんなのはいらない。ぼーっとしたい子もいるんだ。僕はそうだった」

開いた口が塞がらないとはこのことだ。私は述べた。

「ここにいる先生方は、目の前のできない子をできるようにさせる、その勉強のために、暑い中この会に参加なさっているのではないのですか」

「できない子がいてもいいとは何事ですか。指導者として恥ずかしくないのですか。大学の研究者はこういう問題と、正面切って格闘するべきなのではないですか。それでこそ教育学は、現場で生きるのではないですか」

ここでもまた、冷笑にあった。

天下の附属の研究会にしてこの体たらくである。こんな研究会を何べんやっても駄目だと心底思った。「授業が大事」などと口にしながら、本気で授業を学んでいない。それゆえに何年経っても授業力が低い。また、授業力のない人間が指導者となっている。

ここを改善せずして、「信頼される学校づくり」はありえない。授業力向上こそが、問題解決の鍵なのである。そう確信するに余りある経験を、私はしてきた。

3 狎《な》れ合いを排除し授業力向上のシステムを構築する

荒れを立て直そうと決意した私は、一年を通して、次のように主張し続けた。

> **「当然、授業態度の指導はする。だが、子どもたちのモラルに訴えるだけでは大きな変化は望めない」**
> **「授業が荒れる一番の原因は教師の授業にある。そこを変えるシステムを作るべきだ」**
> **「この学校の立て直しは授業改善から始めよう」**

言いっぱなしでは終わらせない。泣き暮らし、「辞めよう」と悩んでいた数学科の女教師を誘って校内サークルをつくった。翌日の授業の検討会を、校内サークルと名づけたのである。週に二、三回、放課後に模擬授業を続けた。

特別支援教育の講座も担当し、全職員を相手に、発達障害の特性と対応のポイントを具体的に示した。保護者との勉強会も二度開催した。夜間に、学年の九割の保護者が参加し、家庭教育について学び合った。また、念願の、「校内模擬授業研修」を実現させた。第一回は私と四十代の教師がチャレンジした。手足や声を震わせて音楽の授業をしたその教師は、研修終了後三十分にわたって、「こんなに緊張したのは始めて」

「模擬授業はとてもためになる」「また授業したい」と感想を語ってくれた。

研究授業後の、あの「傷の舐め合い」的なムードや、イデオロギーに染められた印象批評は、そこにはない。目の前の十分間の授業を、具体的に、代案を示しつつ検討し合うのだ。「授業の原則十カ条」（コラム①20ページ参照）をテキストにして、である。

第二回、先の音楽教師は再度チャレンジし、前回よりも落ち着いて授業をした。「授業で子どもをよく見るようになった。わかりやすく指示することを考えるようになった。子どもが落ち着きを見せ始めた」とスピーチした。

別の機会に、他の職員もスピーチした。「職員室で授業の話をするようになったのは、長谷川さんの大きな功績だ」と。

その年の年度末、私の学級のいわゆる「手のかかる」女子が「先生、数学がおもしろくなってきたよ」と言った。それを校内サークルで告げると、数学教師は涙を流して喜んだ。

そして翌年、担任学級だけでなく、学校全体が一年前とは比較にならぬほど変容した。当然私一人の力ではないが、他学年の保護者までもが私宛に手紙や電話を寄こし、感謝の言葉をくれた。日記帳七ページをぎっしり埋めてきた男子は、小学校時代数回にわたり警察のご厄介になった子であった。

いま、この学校が大きく変わろうとしている。それもこの中学校に来た一人の先生のおかげである。もし、長谷川先生がこの学校に来なければ、この学校は変わっていなかったと思う。もし、こんなクラスに当たっていなかったら。もし、こんなにも難しい子どもたちではなかったら。こんなにも変わらなかっただろう。伝統や絆など多くのものは生まれなかっただろう。

この学校、そしてクラス、また自分はこんなに変われた。長谷川先生に会っていなかったら、変われなかった。

あらためて長谷川博之という人に会えてよかった。

私がしたことの中心は、「校内に授業力向上のシステムを構築すること」と、「日々の授業の質の向上に努めること」であった。

授業という「学校教育の中心」にアタックしたからこそ、学校そのものが変化した。私はそう確信している。授業を変えようと思えば、教師が思想も方法も、主体変容（相手を変えようとする前に、まずは自身を変えること）せざるを得ないからである。

2 学校に模擬授業研修をビルトインしよう

1 どこでも起こり得る惨状

大学院生で、「中学校で講師をしてみないか」と誘われ、初めて教壇に立った仲間がいる。千葉県の白井邦智氏である。

該当の中学校の副校長からの電話では、「とにかく元気のある子どもたちです。一度授業を見てください」と言われた。

授業見学に行き、彼は衝撃を受けた。

参観者がいるにもかかわらず、生徒は後ろを向いて私語をしていた。勝手に立ち歩いた。教室を出ていこうとした。教室の端と端で、大声でおしゃべりをする者もいた。教師への暴言も発せられた。

彼が以前、塾でみずから経験した授業崩壊とは比べ物にならないくらいすさまじい状況が、眼前にあった。彼は憤りを感じた。

見学が終わり、校長から「どうですか？　講師を引き受けてくれますか」と打診された。彼は「やらせていただきます」と返事をした。教師を目指す以上、ここで逃げてはならないと感じていた。

早速仕事が始まった。数学の授業にＴ２（主担当の授業者を補助する役目）として入ることになった。Ｔ１（主担当）は女教師であった。

彼の役目は演習の時間に個別指導をしたり、ノート指導をしたり、指導に従わない生徒たちに対応することだった。

白井氏が入っても授業は荒れた。むしろ、ますます荒れた。

教師への暴言、立ち歩き、他のクラスからの乱入、とにかく好き放題だった。

彼はＴＯＳＳで学んでいるとおりに、叱る、怒鳴る行為を極力なくした。

しかし、Ｔ１の女教師は怒鳴りつづけた。

そんな中、決定的な出来事が起こった。

「あなた、何をしているの！　しまいなさい！」

教室中に響き渡った。屈んでノート指導をしていた白井氏はとっさに顔をあげた。

そこには、Ａ子がおにぎりを食べている姿があった。

女教師がもう一度力強い声で「食べるのをやめなさい！　しまいなさい！」と怒鳴った。Ａ子は「だって、朝ごはん食べてないんだもん」と笑いながら答え、おにぎりをしまった。クラスの生徒たちがクスクスと笑った。

これだけではおさまらなかった。女教師が板書している間に、Ａ子はまた食べ始めたのだ。彼はそれに気づき「しまいなさい」と指示を出した。

それに気づいた女教師が「あなた、何度言ったらわかるの！　いいかげんにしなさい！」と怒鳴った。

そこで一人の男子が叫んだ。

「いいぞ！　いいぞ！　もっと食え」

そこから「食べろ、食べろ」のコールが始まった。激昂した女教師が「てめぇら、いいかげんにしろよ！」と怒鳴った。だが、生徒は聞く耳を持たない。教室はさらに混乱し、好き放題に荒れていった。どうにも収拾がつかなくなった。

女教師の指示で、彼は職員室に応援の先生を呼びに走った。学年の先生二人が応援に駆けつけた。計四人で対応し、どうにかこうにか鎮静化させた。

チャイムが鳴り、授業が終了した。

職員室に向かう途中、その女教師は泣き崩れた。その日から体調を崩し、一カ月間の病休に入った。

2　学ぶべきは、これである

授業中に一部の生徒がエスケープをしたり、騒いで指導を妨害したりするような状況にある中学校は、決して珍しくない。

そういう学校で、我流は通用しない。我流で指導する人、すなわち学ばない人は例外なく、学級を統率できず、授業も崩壊する。例外なく、である。

もし学びつづけてこなかったならば、私も同じ轍を踏んでいるだろう。

たとえば、次のように、である。

①　ただでさえ傷ついている子どもたちの自尊感情を、さらに傷つけるような指導をしてしまう。
②　そもそも発達障害や情緒障害の中身すら知らず、適切な対応ができない。
③　「本人のわがまま」「家庭教育の失敗」という今までの中学現場の常套句を口にするだけで、彼らの不適応の原因がどこにあるのか、何をどうしたらよいかを研究することはない。
④　次から次へと起きる問題行動を愛情だけで抑えようとする。が、抑えられずに悩む。
⑤　他の生徒が同時並行で起こす人間関係のトラブルや家庭不和の問題などに忙殺される。
⑥　「泣き叫ぶ赤ん坊」の隣で「じっと我慢している子」に意識が向かなくなる。
⑦　結果として、努力している子を正当に評価できなくなる。
⑧　授業力も低く、授業で子どもたちの自尊感情を育めない。

⑨　授業を荒らす。学級を荒らす。学年を荒らす。学校を荒らす。心を病む。

⑩　そして、締める。教育の力を信じなくなる。「いいかげん」の仕事でよいと自分を慰める。

これは現実である。日本中で起きている事実だ。

原因は一つ。教師が学ばなかったからである。

では、何を学ぶのか、である。

一つに、授業力を磨くのである。

向山洋一氏の「授業の原則十カ条」（コラム①参照）や、「TOSS授業技量検定」（コラム③40・41ページ参照）のD表の評価項目である「授業の始まりのつかみ」「子どもへの目線」「あたたかな表情・対応」「明確な発問・指示」「心地よいリズムとテンポ」、このような基本的な技術の一つひとつを、模擬授業と上級者からの指導を通して学び習得することである。授業力なしに、子どもたちを教え育むことは不可能である。

同時に、統率力を高めるのである。子ども集団をいかに動かすか。個としての人間はいかなる時

コラム①　授業の原則十カ条

『授業の腕をあげる法則』（向山洋一著・明治図書）所収の、次の十カ条です。

第一条　趣意説明の原則
第二条　一時一事の原則
第三条　簡明の原則
第四条　全員の原則
第五条　所時物の原則
第六条　細分化の原則
第七条　空白禁止の原則
第八条　確認の原則
第九条　個別評定の原則
第十条　激励の原則

この十カ条を意識して実践することで、確実に授業が変わります。学級経営も変わります。

に自ら動こうとするのか。優れた先行実践やビジネス界の実践、また脳科学など最新の研究成果に学び、一つひとつ試していくことである。

そして、特別支援教育の最先端を学ぶことである。

「診断がおりて終わりではない。そこからだ。学校の、教師の対応が重要なのだ」

「その子の社会生活上の困難を具体的に理解することだ。そして、その困難を乗り越えさせる具体策を持つことだ」

「三分間座っていられない子が、四十五分間座り続けられるはずがない。徐々にトレーニングして十五分間座れるようになれば、四十五分間座ることも可能になる」

「間違いも大事な教育だというが、発達障害の子どもたちは過去にこれでもかというくらい間違ってきているのである。それでも間違わせるところにメリットはない。間違えばセルフ・エスティーム（コラム⑤173ページ参照）が下がる。いかに間違わせないかが大切だ」

「大事なのは褒めることだ。褒めつづけて子どものセルフ・エスティームを高めることだ」

医師と教師の合同学習会での、東京大学の平岩幹男ドクターの言葉である。

褒めることそのものは誰でもできるが、上手に、たとえば自閉症の子が理解できるように褒められる教師は多くはない。上手に褒めること一つとっても、修業が必要なのである。笑顔の練習など当然のことだ。

授業力と統率力の向上、そして特別支援教育の知見の学習。それらはすべて、

子どもの自尊感情を高め、生きる意欲を育むため

に我々教師がする修業である。

その修業の日々なしに、学習意欲も生きる意欲も、育て高めることは不可能である。

3　第一に、模擬授業研修をビルトインする

先述した白井氏の体験のごとき例は、枚挙に暇がない。この状況を立て直すのに必要なのは、叱る、怒鳴りつける、腕力で制するなどの「力の指導」ではない。そういう指導は即効性があるかもしれないが、早晩生徒に乗り越えられる。乗り越えられたら次の手はない。荒れ放題荒れるだけである。

第一に為すべきは、「わかる、できる、知的な授業」を展開することである。

そのような授業を為し得る授業力を身につけるためには、他の何事でもなく、授業そのものをするしかない。しかし、日々の授業をこなしていても、力の伸びは小さい。

授業を人目に晒《さら》し、指導を受ける経験。

これを何十何百と積み重ねるしか、授業の腕をあげる方法はない。

そこで、模擬授業研修である。

当然のことだが、ＴＯＳＳなどの研修会と、学校の研修会とは明確に違う。校内研修では一般に、受けたくて受けている人が少ない。「しかたなくそこにいる人」が半数はいるはずである。「こんなものは受け入れない

ぞ」「俺は自分を変えないぞ」と、腕を組んで胸を反らせている人も少なからず存在することだろう。現場には、いろいろな人間がいるものだ。

私の勤務校も例外ではなかった。八年前、赴任して授業の惨状を目にした私は、二つの研修を提案した。

一つが職員全員模擬授業研修、もう一つが特別支援教育研修である。

前者は学期に一回、後者は年に二回の開催とすることを提案した。そして、一時間ちょっとの議論の末、原案は通過した。

一回目の模擬授業研修はその年の七月。授業立候補者はゼロだった。私は四教科の授業を用意し、一人で行った。

二回目もまた立候補者ゼロ。若手（といっても同い年か少し上の人）と前任校の保護者であった教師を指名して、明るく元気よく行った。

その年、頑なに模擬授業を拒んだ先生が二人いた。

強制的にしてもらっても意味が薄い。よって、その枠は私が埋めた。

そして、年間を通して、私は自分の授業を公開しつづけた。

「模擬授業研修で扱っているポイントを意識して、見てみてください」
「駄目なところがあったら、ぜひご指導ください」

こうアピールした。子どもたちの変容を見て、「私も模擬授業をする」と言ってくれる同僚が増えていった。

回を重ねて二年目の二月。それまで拒んでいた教師が、「俺もやってみよう」と立候補してくれた。コメントで、私はいい点をたくさん探して褒めて、改善点を一つだけ提案した。

「やってよかった」「勉強になった」「役に立った」

このような成功体験を積んでもらうことが、校内研修ではきわめて重要なのである。これがあればこそ、翌年もその翌年も模擬授業研修を続けることができるわけである。

この研修も今年で八年目。各教科の授業もだいぶ落ち着いた。「○○先生の授業がわかりやすくなった」という生徒の声も聞こえてくるようになった。

会自体も、笑いあり驚きありで、楽しく行うことができている。新たに赴任してきた先生方も、「これはよい」「こういう研修こそ必要だ」と言ってくれている。管理職も価値を認め、バックアップしてくれる。

誰かが始めて、きつくとも続けていく。

続けた先に、花が咲く。

4　全教師で共有すべき授業スキル

勤務校で最も大事にしているのは、授業である。平成十七年度に職員模擬授業研修を提案、毎年二〜三回の実施を重ね、現在も継続している。

研究授業も模擬授業も、以下の十の視点で授業がつくられ、協議される。共通の土台があるから、協議が盛り上がる。ひっきりなしに意見が交わされる。
また、研修の回を重ねるごとに、職員室での「授業の話」が増えている。十の視点をキーワードにして、授業の振り返りや事前検討がなされているのである。

【授業を見る視点・する視点】

① 一度にたった一つの指示を出している。
「教科書を出して22ページを開けて四角3の（2）までやりなさい」は、教師が出すべき指示ではない。一時に一事の指示が原則である。

② 無駄な言葉がない。
無駄とは、「変容を促さない言葉」「言っても言わなくても同じ言葉」をいう。三十秒を超える説明も、大半の子どもにとって、「無駄」となる。長々とした話は入力（脳へのインプット）、理解がなされないからである。

③ 一目でわかる工夫をしている。
ジェスチャー、板書、資料、サイト他。聴覚情報のみに頼らず、視覚からもきっちりと情報を入力する。視覚認知の問題にも、ツールを用いて対処する。

④ リズム&テンポがある。
授業が心地よいリズムの中で進んでいく。展開のテンポに緩急がある。教師の指導言の大きさ、速さにも変化がある。

⑤ 発問・指示が明確であり、しかも全員に伝えている。
発問→作業指示→活動→評価・評定のサイクルで授業が展開されている。

大切なことを言う時、全員を注目させている。

⑥空白の時間を作らない。

早く終えた子にも、作業の遅い子にも配慮がある。

⑦指導の途中で何度か達成度の確認をしている。

机間「散歩」になっていない。子ども全員と視線が合っている。

個々の作業の進行状況を常に把握している。

⑧指導内容の配列に必然性がある。

子どもたちが「わかる」「できる」授業の組み立てがなされている。

なぜその順番で問うのか。なぜその順序で資料を提示するのか。すべてを説明できる。

⑨「評価」のみでなく、きちんと「評定」をしている。

誰が何をどれだけできているのかを明確にし、伝えている。

あとどれだけやればいいのか、どうすればうまくいくのかを子どもがわかっている。「できるようにするための評定」を意識して活用して

コラム② バークレー博士の12の原則

二〇〇二年六月に開催された第44回日本小児神経学会公開シンポジウムにおいて、『ADHDのすべて』の著者ラッセル・A・バークレー博士が提示した十二の原則のことです。

①重要な情報を明確に示す
②時間の遅れをなくす、減らす
③時間を明確に表す
④動機づけを明確に表す
⑤すぐその場で、頻繁に、的確なフィードバック
⑥計画を立てさせる（未来を、現在にひっぱる）
⑦否定的な考え方ではなくて、肯定的な考え方を
⑧説明するより、行動で示す（手を差し伸べる）
⑨常に障害を見据える
⑩ひとときを大事にする（一期一会を大切に）
⑪許すことを覚える（自分を、周りを）
⑫（ありのままを）受容する

TOSS代表向山洋一氏の「授業の原則十カ条」と重なる部分が多々あります。

いる。
⑩　全員を励ましている。
皮肉を言わない。肯定的な言葉で活動を促している。

以上十点は、ＡＤＨＤ研究の世界的権威であるバークレー博士の「12の原則」（コラム②参照）、および教育書異例の百刷を達成した向山洋一氏『授業の腕をあげる法則』に収録されている「授業の原則十カ条」を基に作成した。

5　模擬授業研修の文化を、他校にも広める

二〇一一年夏以降、県内外小中学校の校内研修に招かれることが増えた。

「模擬授業研修」の講師をせよ、という依頼である。

年間を通して講師を務めよという話もある。

ただ座して時が過ぎるのを待つだけの校内研修と決別し、本気の校内研修を行おうとする学校が各地に生まれているのだ。

二〇一一年八月下旬には、福岡県の公立中学校を訪れた。依頼主の校長先生からは、数年前までの激しい荒れや今も続く無気力、学力の低さなどの課題を聞いていた。

会場はその町の体育館会議室であった。

参加者には、町教育委員会教育委員長、教育委員二名、教育事務所長、教育委員会指導主事、それに、近隣の小・中学校の教師たち、そしてＴＯＳＳ福岡の仲間たちがいた。参加者五十名以上。クーラー二台がフル稼働しているにもかかわらず、会場は熱気に包まれた。

小・中学校十一名の教師が模擬授業をし、私ともう一人の講師が代案を示す。自身も授業をする。最後には二人が短い講座を持つ。計三時間半である。

この研修会は、もはや「中学校の校内研修」ではなかった。校長先生の戦略のもと、町を挙げた「学校研修」になっていた。

「一中学校区の大規模研修」だった。

まさに「新しい学校研修文化」が創造されていたのである。

この研修会のすぐ後、校区の小学校で模擬授業研修が開かれたという。その目で見て「これは良い」と実感した人が、自校での開催に挑み、実現したのである。

「来年も必ず呼びます。さらに大きな会にします。またここに来て下さい」

校長先生の志に応えるべく、翌年もまた参上した。

いま、私はこの校内模擬授業研修の文化を一つでも多くの学校にビルトインしたいと考え、活動している。

勤務校での八年間の事実が、今の私を強力に支えている。事実があるから、主張できる。

3 授業技量向上に本気になる

1 指導できる人間を指導者に据える

授業技量の差は、明確にある。

授業を見れば、わかる。

たとえば、同じ教材で授業すれば、技量の高低がはっきりと出る。

本から学んだ知識（技術）だけでは不足であって、その知識（技術）を使いこなす技能・技量を身につけることが重要なのだと主張し続けているのが、ＴＯＳＳ代表向山洋一氏である。二十年以上前から、「研究授業百回」の重要性を指摘してきたのも氏である。

その向山氏の指導のもと、ＴＯＳＳの教師は全国各地のサークルで教師相手に模擬授業をし、技量を高める努力を重ねている。平日の夜、勤務を終えた後で公民館などに集まり、授業の練習をしている。百回、二百回の経験者はざらにいる。五百回、千回と修練を積んでいる教師も少なくない。もちろん、休日も勉強に費やす。時間とエネルギーと資金を、可能な限り教師修業に注ぎ込む。

それだけではない。百名、二百名、時には四百名、千名の教師が集まる場で、「ＴＯＳＳ授業技量検定」を受検し腕を磨く。

検定の授業を作るために、身の丈の本を読む。Ａ表、Ｂ表ともなればその数倍の本を読んで勉強する。

その上で、検討の場に出て幾度となく授業を修正する。

授業の形がはっきりしてきたら、百回を目安に練習をする。

そこまでの努力をして、当日に臨む。

それだけ準備をして臨んでも、審査員から歯に衣着せぬ批評を受ける。それが「ＴＯＳＳ授業技量検定」である。

受けてみればわかる。


授業技量が確実に高まる。


一度の検定に向けて山ほどの本を読み、授業をつくりあげ、百回練習する。それを検定の一番やさしいランクのＦ表39級から何度も積み重ね、技量を磨いていくのである。

授業は芸事やスポーツと同じだ。


上級者の指導を受ける。

圧倒的な緊張場面を経験する。

体で覚え込むまで練習する。


こういった真剣な修業を抜きにして、「魅せる役者」、「勝てる選手」にはなれない。

校内研究授業の前に、その授業を百回練習する教師がどれだけいるか。少なくとも、私は知らない。

授業時間以外に授業技量を高める修業を五年十年と継続している教師が、日本中にどれだけ存在するか。一割でもいれば、日本の学校教育の質はここまで落ちていない。

指導主事に授業の指導を受けたとして、その「指導」は納得できるものか。納得させ得る人も、中にはいよう。だが、数で言えば、ほんの少数のはずだ。

言葉で言うのは誰にだってできる。予め準備しておいたノートをただ読み上げることなら、中学生でも可能だ。

納得できるかどうかは、この一点で決まる。

その場で即座に代案を示すこと。

これ以外にない。

口先のきれいごとは評価の対象にならない。
行動だけが、評価の基準である。
行動だけが、信頼と尊敬を集める。

これは私の学級の「学級訓」である。

授業の指導も、まさにそうだ。批判をするならば、「自分だったらこうする」という具体的なアイディアを、実演してみせるべきである。

現場は、「その教材を、そのテーマを、どう授業するか」で悩んでいるのである。スローガンを聞きたいのではない。教室の授業を改善したいのだ。

指導主事の「指導」には、この「実演」が圧倒的に欠けている。「できるならばやる」はずである。やらないのは「できない」からである。

その一方で、「ＴＯＳＳ授業技量検定」の審査員は、これをする。たった今なされた授業を上回る代案を提示する。なればこそ、受検者も参加者も納得する。

本気で授業力を高めようとするならば、授業を「してみせる」力量のある人間を本気で育成するのが先だ。授業の実演を通して指導する。これができない者を指導の立場に置くという愚行は即刻止めるのがよい。

2 「それぞれのやり方」を疑う

「教師は人それぞれだから、それぞれのやり方で授業すればいい」

新卒から三年間くらい、よく耳にした文言である。私は次のように返した。

言っていることはよくわかる。
だが、指導には「効果のある指導」と「効果の薄い指導」と、「効果のない指導」と、「かえって悪化させる指導」とがあるものだ。
「その人なりのやり方」というが、効果のある方法を学ばずに、効果の薄い方法、ない方法、悪化させる方法を延々取り続けているのは、犯罪行為と同じではないのか。

大学時代、就職活動をしながら、松下幸之助や本田宗一郎、井深大など大経営者から中小企業経営者の書いたそれまで、さまざまなビジネス書を手に取った。

企業は良い方法をすぐに取り入れ実践する。結果の出ない方法は即刻改善する。だからこそ生き延びることができる。自浄作用が働かず、改善と成長の努力ができない企業は消滅する。

一般社会では、これが「当たり前」だ。

だが、学校は違った。結果が出なくとも文句を言われない。力がなくとも「ただその時間その場にいれば」給料がもらえる。驚きだった。

こういう話をするとすぐに、「企業活動と教育は違う」「教育の成果はすぐには出ない」と言う人がいる。もっともである。

だが、企業に学んで改善すべきことは数多くある。たとえば、先に書いた、「効果のある指導を学び実践する」ということだ。そんなことすらせずに、「自分のやり方」に固執し（すなわち、自分を高める努力をせずに現状に居座り）、「人それぞれで良い」と逃げ回っている者は、この職を辞すべきだ。それが子どものためである。過激だけれども、本音である。


「個性」の一言を、勉強しないことの言い訳に使うな。

これが私の一貫した主張であった。おかげでいくつかの衝突を経験したが、私は信念を曲げなかった。曲げなくてよかったと、今改めて思う。さまざまな経験を積み、自分が成長しただけ、目の前の子どもたちもまた成長をしていることを、腹の底から実感しているからである。

3　本気になって授業技量を高める

二〇〇九年八月、ＴＯＳＳサマーセミナーにおける講演で、向山氏は「新教師入門十カ条」を示した。次である。

① 子どもたちの前では笑顔でいる。
② 褒めて褒めて褒める。
③ 連絡することについては忘れない。
④ 約束を守る。
⑤ 授業とは、発問があって作業指示がある。
⑥ 子どもと正対して話す。
⑦ 怒鳴らない。
⑧ 教えて褒める。
⑨ 授業の組み立てをシンプルに作り上げる。
⑩ 授業というのは知的でないといけない。

「入門」と銘打たれているものの、これらすべてを実践している教師がどれだけいるか。

たとえば⑤だ。教師の長々とした説明の合間に発問らしきものが入る。しかし、作業指示がなく、気の利いた子どもが口々に答えを言って先に進む。これが中学現場に蔓延している下手な授業の典型である。勉強の苦手な子ほどそういう授業を嫌悪し、突っ伏したり、果てはエスケープを始めたりする。

発問・作業指示・評価（評定）

三つをセットにすると授業にメリハリが生まれる。為すべきことがはっきりしていて、やったことを評価されるから、子どもたちが授業（をする教師）を好きになる。好きになれば意欲が高まる。力も伸びる。

次に⑧である。この場合の「教える」は、言葉だけに頼って、長々と説明することではない。簡潔に説明することも大事だが、より大事なのは例示である。「やって見せる」ことである。

シンプルな例を一つ紹介する。

ある年、音楽科の教師から次の相談を受けた。


特別支援学級のA児（軽度知的障害）とB児（自閉症・軽度知的障害）にリコーダーを教えている。

吹き方を教える時に、こんな話をした。

「自分の目の前にろうそくがある。そのろうそくに火が灯っている。そのろうそくの火を消すことをイメージしてみよう。

ろうそくがすぐ手前にある時、どう吹く？

一メートル離れたら、どう吹く？

その、一メートル離れたろうそくの火を吹くように、リコーダーを吹いてみよう」

そう教えた。

やらせてみた。

吹き方は変わらなかった。相変わらず小さい音だった。


「相対的に言えば、A児の方が吹き方の変化が大きかったのではないですか」

私は訊いた。

「そのとおりだ」と返ってきた。私は助言した。

「B児は自閉症ですから、想像力の障害があります。『イメージしてごらん』と言われても、そのイメージが難しいのです。どうにかイメージしたことを、他のことに転移させるのは、もっと難しいはずです」

「B児の場合は、先生が実際に吹いて見せて、『形を真似をしなさい』『同じ音を出しなさい』の方がいいでしょう。一緒に吹いてやるのです」

その教師は助言のとおりに指導をしてくれた。

「長谷川先生、『真似をする』『同じ音を出す』、これで吹き方が変わりましたよ！」

言葉で教えてできなければ、やって見せるのが良い。

やって見せた後でやらせて、やったことを認め、褒めながら、導いてやればいい。支援が必要な子ほど、「教えられて、褒められる」ことを求めている。

⑨の「授業の組み立て」とは、向山氏の言葉を借りれば、「組み合わせ」と「順番」である。これらを具体的に学ぶには、一流の授業者、たとえばTOSS授業技量検定高段者の授業を見ればよい。シンプルで、かつ知的好奇心を揺さぶられる授業群に、感動を覚えるはずである。

今、何より大事なのは、教師一人ひとりが授業技量を高めるという一点に、時間とエネルギーと資金とを本気で注ぐことである。

当然、TOSSの方法に限らずさまざまな修業方法があるべきであって、多様な個人・団体がそれぞれの研究・修養の成果を持ち寄り、共有することを今こそ為すべきだ。

全国津々浦々の教師が授業の腕を磨き合うことを教育界の文化にすることが私たちの世代の使命だと、私は勝手に思っている。

4 授業技量検定のススメ

1 力量の低さの自覚から修業が始まる

授業が崩壊する第一の原因は、教師の授業力の低さである。

授業力の内訳は、たとえば「基本的な教態」や「生徒への対応力」から「発達障害の知識と対応技術」、「発問作りの腕」、「組み立て（教材の組み合わせと提示の順序）の技量」まで幅広い。

授業力の高低は、「経験年数」とはほとんど関係がない。関係があるはずならば、経験年数が上であるほど授業も上手になっているはずだ。

だが、現実はそうではない。

いわゆるベテランの学級が荒れている。十数年二十数年を経ている教師の授業が崩壊している。

ここでいう崩壊は、騒々しく乱れている状態だけを指すのではない。四分の一以上が机に突っ伏したりファンタジーに入ったりしている状態や、音読の声が聞こえない、発表がないなど無気力な態度が蔓延している状態、それらもまた崩壊である。

なぜベテランの授業が崩壊するのか。

授業が下手だからである。

この言葉に反発を覚える人がいる。その人は、授業を「知識・技能を習得させる場」ときわめて狭く規定しているのである。それで、「授業の上手い下手は関係がない。その子自身の問題だ、家庭の問題だ、地域の問題だ」と言う。果たしてそうなのか。

子どもが授業を通して得るのは知識・技能だけではない。

授業力の高い教師に受け持たれれば、教師との人間関係、級友との人間関係もまた強固になる。成功体験を積んで、生きる力の根本である自己肯定感も向上する。

自己肯定感の高まりと同時に、学ぶ意欲、生きる意欲が湧く。明るく、積極的な生き方に変わっていく。

下手な授業では、そうはならない。

下手な落語は聴いていられない。退屈な映画を見続けることは苦痛である。

落語も映画も、嫌なら「出ていく」ことが可能だ。だが、授業は違う。もちろん、「素直に」出ていく子どももいる。これが「エスケープ」である。だが、大半の子どもは出ていかない。先々のことを考えると出ていけない。

それで、毎時間ぐっと我慢している。

これが心身にいいわけがない。そうやって溜めに溜め込んだストレスが、ある日爆発する。表に出せる子は反社会的行動に、出せない子は非社会的行動に進む。

もちろん、その原因は授業だけではない。部活動が原因でそうなったり、学級の人間関係が原因であったり、そもそも生育歴に問題の根源があったりする。

それはそうなのだが、外的要因を責めてもしようがない。


責任は自分の力量の低さにある。


そう自覚して、改善の努力をする。すると、子どもの表情が変わってくる。反応が違ってくる。一週間、ひと月、半年。目に見えて良くなっていく。授業は安定し、学級の質も大きく向上する。次々と成長のドラマが生じる。涙の解散を迎える。

そういう事実を生み出している教師が、ＴＯＳＳには多数存在する。

2 授業技量検定のススメ

なぜ授業が下手なのか。答えは簡単だ。授業の腕を上達させるための具体的な修業をしていないからだ。

ＴＯＳＳ授業技量検定について具体的に述べる。

検定を受けるにはまず、検定の行われる研修会に申し込む。「ＴＯＳＳランド」「授業技量検定」「講座」をキーワードにネット検索をかければ、全国各地の研修会情報が見られる。

立候補の際には指導案の提出が必要である。指導案は検定表（Ａ～Ｆ表）により求められる内容が大きく違ってくる。Ｅ表Ｆ表レベルでは、先行実践の追試でもよい。発問指示、留意点を明確に示し、教材を添付する。

Ｄ表では、教材研究の跡が色濃く示されていることが重要となる。Ｃ表の受検資格を得られる「二十二級」。そこを突破する授業を作るためには、何冊もの専門書や研究者の論文に当たったり、現地に足を運んだり、先行実践を調べたりすることが求められる。

コラム③　TOSS授業技量検定

1　検定の仕組み

三分間から十分間の模擬授業による審査で、39級から八段までの認定を受けるのがTOSS授業技量検定です。以下の六段階に分かれています。

A表	有段者	八段～初段
B表	上級者	1級～10級
C表	中級者A	11級～20級
D表	中級者B	21級～30級
E表	初級	31級～35級
F表	入門	36級～39級

2　受検資格

■C表受検資格

（1）D表の22級以上を取得していること

（2）研究授業五十回以上か模擬授業五十回以上

（3）TOSSサークル一年以上

■B表受検資格

（1）C表の12級以上を取得していること

（2）研究授業百回以上か模擬授業八十回以上、またはTOSSセミナーなどの舞台での発表二十回以上

（3）TOSSサークル三年以上

（4）雑誌論文十本以上、または単著

■A表の受検資格

2級以上を取得していること

これら以外はすべてD表（入門者はE・F表）です。原則としてとびつき受験は認められません。F表からE表へ、そしてD表へと順をふまえて受験するのが原則です。

3　審査員

審査員の規定は次のとおりです。

（1）C表審査は初段以上の二名

（2）B表審査は三段以上の三名

（3）A表審査は五段以上の三名もしくは向山洋一

4　評価項目

■D表評価項目　50点満点
授業の始まり（十五秒）のつかみ　10点
子どもへの目線　10点
あたたかな表情・対応　10点
明確な発問・指示　10点
心地よいリズム　10点

■C表評価項目　計１００点
授業の始まり（一分程度）　20点
子どもへの目線　10点
声の明るさ、さわやかさ　10点
子どもへの対応、応答　10点
発問・指示の明確さ　10点
授業の流れ、リズム　20点
単元としての授業の組み立ての明確さ　20点

■B表評価項目　計１００点
授業の始まりの見事さ　10点
とりあえず発問・とりあえず指示などの不要な言葉の削除　10点
子どもへの対応、応答の明るさ・適切さ　10点
発問・指示の明確さ適切さ　10点
心地よいリズムとテンポ　10点
子どもが熱中しているか　10点
単元構造をふまえた授業の組み立ての深さ　20点
教材研究の新しさ　20点

■A表評価項目　計１００点
授業の基本　10点
教材の選択（意味ある教材を）　10点
教材のポイント　10点
授業にのめり込むリズムとテンポ　10点
授業中熱中して思考しているか　10点
授業のあざやかな組み立て　20点
教育界への新鮮で骨太な問題提起　30点

ルールなど詳細はＴＯＳＳ授業技量検定公式ＨＰ（http://toss-license.or.tv/hyou.html）を参照ください。

Ｃ表、Ｂ表ではこの教材研究の広さ・深さと単元構造の明確さ、テーマの新しさや価値の高さがさらに厳しく求められる。該当テーマの研究の第一人者に取材するのは当然のこと。国会図書館や大学図書館、都道府県図書館から神田の古本屋までを巡り、古今東西にわたって文献を渉猟し、突っ込んだ研究を重ねることが必要となる。

Ａ表の授業テーマは何冊もの書籍になるほどの内容である。周辺テーマも含めて、百冊二百冊の読書は大前提だ。未だ誰も授業していない分野への挑戦である。教育界への骨太の問題提起の有る無しが厳格に評価される。

そうした幅広く奥深い教材研究を経て、単元構造を作り、授業の組み立てを行う。作っては壊し、作っては壊しを繰り返す。

受検前夜。寝付けないほど緊張する。

受検当日。朝から食事が咽喉を通らない。十冊以上になった授業作りノートを何度も見直し、ＰＣのコンテンツを直前まで修正する。最大の緊張感を感じつつ、授業開始を待つ。

もう為すべきことはすべて為したという心境で、授業開始。あとは終了まで楽しむだけだ。

私自身もＤ表から受検を始め（当時、Ｅ・Ｆ表は存在しなかった）、平成二十四年現在、Ａ表三段まで進んできた。長い道のりだった。しかし、未だ道半ばである。

3　教師が子どもの十倍勉強すればよい

二十代半ば、Ｄ表二十五級を突破できずにいる時、兵庫県の中学教師、井上好文氏から受けた指導がある。

「長谷川、さまざまな教科の授業をつくっていけ」

この指導に従い、専門の国語と道徳のみならず、環境・エネルギー、保健体育、英会話、領土問題、伝統文化、メディア・ネットリテラシーなどをテーマに授業を作り、受検を重ねてきた。

C表二度目の受検の際、「伝統文化の再生と接続」をテーマに研究したのは、埼玉の誇る三偉人、江戸時代の国学者・塙保己一《はなわほきいち》と明治・大正期の実業家・渋沢栄一、近代日本初の女性医師・荻野吟子《おぎのぎんこ》。国会図書館に入り浸り、温故学会などにも取材し、膨大な書籍を読み込んで授業化した。当日は向山氏の審査を受け、十級に認定された。

この授業の指導案はある指導主事の目にとまり、県のＩＴ研修会で五十数名の先生方を前に授業することとなった。

現在、塙保己一を中心に三偉人は教材化され、それぞれの生誕地においては、まちづくりにも活用されている。

その時々の最先端テーマを研究し授業化していると、社会の動きが後からついてくるように感じられることが少なくない。検定を受け続けている教師ならば誰もが実感しているはずだ。

こうした修業の日々なくして、困難な学級でも授業を成立させ得る腕は身につかなかった。極度に学力が低い子どもに成功体験を保障することなど不可能だった。

「国語の授業が大好きです」「ネットで調べた詩の評論文を家で書いてきました」「先生の道徳を選択教科にも入れてほしいです」「私も先生のような授業をする教師になりたいです」などの声が毎年次々と寄せられる、そんな事実など生み出しようがなかった。

授業が荒れ学級が荒れて苦しんでいる教師たちに、具体的な助言をしたり授業を見て代案を示したりすることなどできやしなかった。これらは、断言できる。

ただ日常の忙しさに流され、家庭と学校とをひたすら往復する日々からは、価値ある仕事は生まれない。

うまくいかない原因を他に求め、責任を他人に転嫁しているうちは、現実はよくならない。悪化の一途を辿るだけだ。

授業力の高い教師に嫉妬し、自己正当化の理屈をこねてみても何も変わらない。

言葉でなく、行動だ。

まずは一度、授業技量検定を受検しよう。

きっと、達成感を得られる。

一度で歩みを止めず、何度も挑戦して力量を高めれば、子どもたちに質の高い教育を提供できるようになる。

そして、そこで留まるのでなく、修業の成果を学校にどう還元するのかを考えてほしい。

自分が勤務する学校に模擬授業研修の文化を打ち立ててほしいのだ。

教師陣の授業力が高まれば高まるほど、その学校に通う子どもたちは幸せになる。

もちろん、授業技量検定に代わる方法論があるならそれでもよい。要は、授業力が向上し、子どもたちに対して「わかる・できる・知的に楽しい」授業を行うことができればよいのだ。教師にこそ、勉強が要る。修業が要る。

第2章

模擬授業を繰り返し、授業崩壊から生還した教師たちのドラマ

1 生還の鍵は、「授業技量検定」である

1 出会いに救われた私の新卒時代

新卒一年目、中学二年生を担任し、学年五クラスのうち三クラスに国語を教えた。

六月に「教師を辞めよう」と思った。近くの病院で点滴を打って帰宅する日々が二週間続いた。

理由は、授業が崩壊したから、ではない。

崩壊はしなかった。そこそこの人間関係ができていたから、生徒は荒れなかった。

では、何が苦痛だったのか。

勉強の得意な生徒は満足するが、苦手な生徒が退屈していることである。

家庭教師や塾講師の経験があったから、「説明して教える」ことには慣れていた。

今から思えばきわめて下手な説明だった。それでも勉強の得意な生徒は理解を示した。

しかし、苦手な生徒はそんなわけにはいかない。漢字十問テストで百点満点なのだが……十点二十点が複数いた。授業の中盤を過ぎると、「あくび」が目に入った。この「あくび」が苦痛だった。目にするたびに自分を責めた。

こういう授業がしたいという理想と、できない生徒ができないままの現実との差が大きすぎた。なんとかしたいと悩んだ。だが、何をどう努力すればよくなっていくのかがわからなかった。

「自分は教師に向いていない。辞めた方が生徒のためだ」そう思った。

ある本と、ある人との出会いによって、その状況は激変していく。

ある本とは『授業の腕をあげる法則』（向山洋一著）である。指導教官が紹介してくれた。この本で具体的な授業の改善方法を学んだ。学びを実践するたび、授業が少しずつ変わっていった。

ある人とは同じ秩父の教師である瀧沢広人氏である。二年目の冬、まだ面識のなかった瀧沢氏から電話をもらった。「授業や学級経営の勉強をするサークルを二人で作りませんか」翌日会い、サークルを始めた。法則化のこと、ＴＯＳＳのこと、向山氏のこと、さまざまな情報を得、学びを深めていった。

多くの教師が、私と同じように教師の仕事に挫折したり苦悩したりした経験を持つはずである。中には出会いに恵まれず、力をつける方法に巡り会わず、失意のうちに職を辞してしまう人もいると聞く。身近にもそんな人が一人いた。

現時点では、公的な研修に救いはない。授業の腕、学級経営の腕をあげる具体的な方法を教えてくれる場は、自分で探すか、人と出会い教えてもらうかしかない。それが現実である。

2　生還の鍵である授業技量検定

「生徒指導加配校」に数年間勤務する過程で、「授業崩壊」「学級崩壊」の事実をいくつも目にしてきた。よく言われるような「実技教科の荒れ」にとどまらない。五教科にも、荒れと無気力に支配される授業があった。

子どもたちに教科書を破られ、ＣＤラジカセを蹴り飛ばされて、泣きながら職員室に帰ってきた教師もいた。ヘルプを受けて職員総出で授業に介入したこともあった。保護者に校内巡回を頼んだ時期もあった。

そんな中で私は、授業がうまくいっている。なぜうまくいっているのかと言えば、所属する研究団体ＴＯＳ

Sで授業の腕をあげる修業を重ねてきたからである。

具体的に述べる。

腕をあげるために本を読んでいる教師は多くいよう。だが、本を読むだけでは足りない。腕はあがらない。

ＴＯＳＳの教師が腕をあげている、その修業法はこれである。

ＴＯＳＳ授業技量検定

検定は、Ａ表からＦ表の六ステージに分かれている。受検者は五分から十分の制限時間で模擬授業を行う。審査員が規定に従って評定をする。Ｆ表にはＦ表の、Ａ表にはＡ表の審査項目があり、受検資格と審査員の資格も厳密に定められている。

Ｆ表をクリアすればＥ表、Ｅ表をクリアすればＤ表という形で、Ａ表まで規定されている。受検をすれば、三十九級から八段までの段級位に認定されるのである。

たとえばＤ表の審査項目は次である。

1　授業の始まり（十五秒）のつかみ
2　子どもへの目線
3　あたたかな表情、対応
4　明確な発問、指示
5　心地よいリズム

各項目十点満点で、その合計点で級が決まる。

このD表で三十五点を取ると、二十五級に認定される。二十五級は「学級崩壊したクラスで授業を成立させられる技能」とされる。四十五点を取れば、二十級格と認定される（二十級の正式認定はC表受検による）。二十級は「学級崩壊したクラスを立て直せる技能」とされている。

授業崩壊を立て直すには、この授業技量検定で二十五級の腕が最低限必要であるということだ。

これは絵空事ではない。私も現在審査員としてD表の審査をしているが、二十五級を突破している人の授業は一味違う。授業の「入り」からして並みではない。生徒を混乱させないような、思考を促すような工夫が随所にちりばめられている。「これなら中学生も楽しんで学ぶだろう」と思わされる。

この修業なくして困難校で授業を成立させる腕は身につかなかった。

断言できる。

その実感があるから、私は勤務校に「職員全員模擬授業研修」を設け、六年間継続してきた。模擬授業をしてもらい、私が代案を示す。楽しく役に立つ研修だと評価されている。この研修を年に十回は実施できるようになり、さらに技量検定のような評定、段級位認定まで行えるようになれば、授業力の向上が確かなものになると確信する。

授業の腕が確実にあがる方法。それがＴＯＳＳ授業技量検定の受検である。

3　授業崩壊から生還した仲間の事実

現在、私は教職の傍らＮＰＯ法人埼玉教育技術研究所の代表理事をしている。サークル活動を発展させたものである。平日の夜に、秩父のみならず、さいたま市、東京、神奈川から仲間が集い学び合っている。皆、授業や学級経営に苦しんだ過去を持つ。崩壊から生還した人も複数いる。

ここではその一人である、森田健雄氏のケースを紹介する。

森田氏は新卒一年目に授業崩壊を経験している。

おしゃべりがいつまでも続く。教師の発問・指示に誰も、何も反応しない。「死ね」「うざい」という言葉が生徒にも教師にも飛んでくる。

六月には授業に出るほとんどのクラスがそのような崩壊状態に陥った。

彼が最もショックを受けたのは、どのクラスも他の教師の授業はしっかりと受けていたことだった。生徒が教師によって態度を変えているという事実だった。

学年で百人一首に取り組んだ際、彼が読み手をしている時にはまったく活動せず床に寝そべっていた生徒が、他の教師が近づくとさっと起きあがって一生懸命札を取った。今ならばそれは自分自身の力量の問題であるとわかるが、当時は「人によって態度を変えるなんて信じられない。何なんだこの子たちは」そんな思いで恨めしく思っていたという。

どうしたらいいのかわからなくなり、同学年の先生に質問をした。「授業中いつもおしゃべりをしているクラスがあるんです。他の先生の時にはそんなことがないようなのですが、なぜでしょうか」と。

返ってきたのは「若い人に甘えているんだよ」という答えだった。

何の解決にもならない返答だ。情けないが、この程度のことしか言えない「先輩」が現場には数多くいる。

彼はこの時、早く歳をとりたいと本気で思ったという。自分も四十代、五十代になれば授業が上手くいくのだろうと考えたらしい。「馬鹿げた話ですが」彼は苦笑した。

そう。授業の腕をあげる修業を積まなければ、四十になろうが五十になろうがまともな授業はできない。

二学期。当然、状況はよくならない。「しゃべるのを止めなさい」と言ってもおしゃべりが止まない、教師に暴言を浴びせてくるといった具合に、崩壊が進んでいく。一時間説教をしたこともあるが何の効果もない。

それまで真面目に授業を受けていた生徒も、教師から目を逸らすようになっていった。

地獄のような状況から、現在、彼は生還している。生還に至る道に、「本との出会い」があり、「ＴＯＳＳとの出会い」があり、「サークルとの出会い」があり、「授業技量検定の受検」があった。

2　二度の崩壊から生還した教師の足跡

森田健雄氏が授業崩壊をどう克服していったか。

取材した内容の要点をまとめる。授業崩壊から立ち直った一教師の足跡である。

ステップ1　本との出会い

なんとかしなくてはいけないと本気で思うようになったとき、『英語授業おもしろゲーム集』（瀧沢広人著・明治図書）に出会った。その本には楽しい授業のやり方がたくさん書かれていた。そこに書いてあることを実際にやってみると、子どもたちの反応がそれまでと違った。楽しそうに授業を受けているのだ。しかし、本に書かれていること以外の活動をすると、またいつもの状態に戻ってしまう。この頃から週に一度は本屋に足を運び、授業についての本を買うようになった。

瀧沢氏の本を読み進めると、どの本にも必ず出てくる言葉があることに気づいた。「向山洋一」、「法則化運動」の二つだった。とにかく授業を何とかしたいと思い、向山洋一氏の書いた本を探した。数ある本の中からまずは自分の現状に関係しそうな本から読んでいった。向山洋一氏の『学級崩壊からの生還』（扶桑社）など、学級崩壊を克服する内容の本は、泣きながら読んだ。

ステップ2　休日の使い方

休みの日は部活が毎日あり、それ以外の時間はとにかく学校以外のことを考えたかった。そこで、遊びに出かけることにしていた。学校以外のことを考えている時は楽しい。だが、結局週明けに出勤すると崩壊状態が続いており、憂鬱な日々が続いた。「休日に遊んで気を紛らわせても何の解決にもならない」と思い始めた。

ステップ3　研修会への参加

向山氏の本を読むうちに、法則化運動やTOSSの存在を知り、研修会が開催されていることも知った。とにかく何とかしたいと思っていたので、思いきって申し込んだ。初めてのセミナーは神戸のセミナーだったと思う。東京に住んでいるので新幹線を使っての参加となった。なぜ遠くに行ったか。それが直近のセミナーだったからだ。それほど追い詰められていた。

その時の研修会の内容はほとんど覚えていないが、とにかく楽しかった。こういうところで勉強していればそのうち上手くいくのではないかと思えた。調べてみると中学教師のための研修会もあった。すぐに申し込んだ。その頃から自宅近くのTOSSサークル（コラム④57ページ参照）にも参加させてもらうようになった。

ステップ4　サークルでの模擬授業

サークルに参加するうちに、模擬授業に挑戦してみたいと思うようになった。初めて挑戦した時、先生方からたくさんのコメントをもらえたのを覚えている。どんな意見でも具体的なコメントがもらえたことが嬉しかった。

> **どこが問題で、どう直せばよいのかがわかった。**

以来、毎回挑戦するようになった。

この頃から少しずつ授業が変わっていった。子どもたちが静かになり始め、指示通りに動く時間が増えていった。

自分自身も変わっていった。まずは子どもたちを褒められるようになったことだ。それまでは授業中に子どもを褒めることはほとんどなかった。しかし、サークルや書籍で勉強していくうちに、褒めるところは山のようにあることを知った。褒めていくうちに、落ち着きのない生徒や妨害してくる生徒も授業に参加することが多くなっていった。

また、授業のリズムやテンポも変わっていった。模擬授業に挑戦する前は、空白の時間が山ほどあった。それが、模擬授業で学ぶにつれて、生徒が休む間もなく次々と活動をしていく授業に変わっていった。「森田先生の英語はとても楽しい」と言ってくれる子どもまで出てきた。それがまた励みになった。

ステップ5　新たな授業崩壊

サークルに入った頃から、休みの日はセミナーに出ることが多くなった。そこで模擬授業に挑戦し、ＱＡ講座でQを出し、実践家の指導を受けた。具体的な技術を教えてもらった。セミナーに出ると、「明日からまたがんばろう」と思えた。

しかし、落とし穴が待っていた。

徐々に授業が成立するようになり、勘違いをしてしまった。異動して忙しかったことを理由にしてサークルに行かなくなったのだ。本は読んでいたが、模擬授業に挑戦する機会が減ってしまった。

異動したその学校で中学三年生を担当することになった。事前の情報として、その学年は英語の授業が成立していなかったことは聞いていた。しかし、「大丈夫だ。勉強してきたのだから」という変な自信があった。でも、それが間違いだった。

あるクラスでの出会いの授業である。"Stand up"と号令をかけた。だが、誰も立たなかった。何度か言っているうちに面倒くさそうに立った。気の乗らぬまま授業を続けてしまった。

GW明けには、授業中に挙げ足を取るような発言をする子が出てきた。こちらが指示すると、「はあ、意味わかんねえ」「やらねえ」「それって違うよね」など、ひっきりなしに言葉が飛んできた。その発言に上手く対応することができなかった。だんだん全体の雰囲気が崩れてきた。音読の声はかすれるような声になり、発言を自分からする子はいなくなった。

事態を快方に向かわせることができないまま、時が過ぎていった。

三学期のある日、特に違う雰囲気を感じながら授業を始めた。息をするのもためらうくらい静かだったのだ。

発問をしても誰も手を挙げない、そればかりか指名をしても誰も発言しなかった。

子どもたちが示し合わせ、五十分間誰一人話そうとしなかったのだ。これにはさすがにショックが大きく、この日は疲れ切ってしまった。

このクラスはその事件後二カ月で卒業となった。後味が悪いまま子どもたちと別れることになってしまった。

ステップ6　サークル活動の本格化

今、考えると、この頃の授業には問題点がたくさんあった。

子どもに媚びていたというのが一番よくなかったことだ。子どもの機嫌をとるような発言、子どもがふてくされていると何度も話しかけて何とか機嫌を良くしてもらおうと、顔色ばかり伺って授業していた。

注意の仕方にも問題があった。まだ出会って間もない頃から褒めることなく注意をし続けた。信頼関係も何もないので、いつしかその注意は聞き入れられなくなった。

また授業の進め方にも問題があった。授業を進めることにばかり必死になって、とにかく活動が多い授業を行った。ＴＯＳＳの本を読んで、間違った理解をしているところもあった。たとえば「説明はしてはいけない」と本で読み、説明がまったくない授業を行った。説明だけではなく、子どもに気づかせるような発問、指示もなかったので、新しい文法事項が出てくると混乱した。それでも「この授業スタイルでいけばいつかは理解してくれるだろう」と思っていた。

そんな中で何とか上手くいっていたのが音読と視写だった。そのため音読と視写ばかりさせるようになり、子どもたちから「入試問題がまったく解けない」という苦情が出た。受験用の「内職」をする子どもも出てきてしまった。今考えると、自己満足のためだけにやっていた授業だった。

こんな思いは二度としたくないと思い、自分でサークルを作った。

毎回模擬授業を行い、土日も研修会に出、模擬授業やレポート審査に積極的に立候補するようになった。

活動を重ねるにつれ、学校に行きたくない日が少なくなっていった。

今でも授業は下手くそだが、授業崩壊していた時とはまったく違う授業ができている。たとえば授業崩壊している頃は困っているのは「自分」だった。自分が困っているから、とにかく活動をさせて休む暇を与えないようにした。しかし、それでは勉強の苦手な子たちは耐えるしかなかった。そこに気づいていなかった。今は「生徒」が困っていることを考えて授業ができるようになった。評定一、二の子も他の子と同じようにできることが増えてきた。授業の感想を書かせると、「先生の授業はとてもわかりやすくて楽しい」と書く子が何人もいる。

また、一所懸命に授業を受けている子を、目で褒められるようになった。「先生といつも目が合って安心する」という言葉をもらったこともある。

気持ちも変わってきた。授業崩壊していた頃は、とにかく平日を乗り切り、休日にのんびりしようと考えていた。今は授業で上手くいかなくても、次々に新しい策を考えるようになった。それが楽しい。

森田氏がわがサークルの門を叩いたのは二度目の崩壊と格闘していた時だった。現在彼は授業技量検定十七級、安定した授業と学級経営を為しつつ、平日休日なく教師修業や社会貢献活動に邁進している。

コラム④　TOSSサークル

二人集まれば立派なサークルです。名称をつけ、定期的な開催を決め、活動を始めます。

一年間堅実に活動し、向山洋一氏の許可が下りると、サークル名に「ＴＯＳＳ」の冠をつけることができます。

例会で一般的に為されているのは教科書教材を持ち寄っての授業検討、学級通信や雑誌原稿の検討、上級者への相談などです。

ちなみに私のサークルは、名称を「ＴＯＳＳ埼玉志士舞」といいます。毎週木曜日の夜、ＪＲ熊谷駅ビルの会議室を借りて活動しています。右記の活動の他、教師や学生のための研修会や医療・保育園・幼稚園・行政・ＮＰＯ団体などと連携したイベントを企画・運営しているのが特徴です。

平成二十五年三月現在で、メンバーは十五名です。埼玉県内のみならず、千葉県や神奈川県から片道二時間以上をかけて通ってくる教師も複数います。

仕事を通して腕を磨き合う集団です。

3 初日から荒れた！　新卒教師の奮闘

「黄金の三日間」とは、年度初めの三日間のことである。この三日間ならば、子どもたちは教師の話に耳を傾ける。新年度、そして新担任への期待があるからである。この三日間に学級のしくみを作り、ルールを作り、全員参加で楽しく知的に盛り上がる授業を通して規律を打ち立てていくことが、学級経営上きわめて重要である。

次に紹介するのは、この三日間から「失敗」してしまった教師のエピソードである。

1　黄金の一日目から崩壊が始まった

平成二十二年四月、新採用で県内公立小学校に赴任した二十代の男性教師、吉川大胤氏。彼は五月に私のサークルの門を叩き、以後精力的に学んでいる。

新卒教師の九割は学級崩壊を経験する。

彼も例外ではなかった。初日から崩壊が始まってしまった。取材内容をまとめる。

初めての担任学級は、四年生だった。

「黄金の三日間」の初日、クラスの中のヤンチャ君が言った。

「この席やだ。席がえしよ！」

そして、クラスの皆をあおる。

「席がえーっ！　席がえしろーっ！」

ここで、私もしっかり注意しなければいけないと思い、「だまりなさい、しません」と大きな声で言った。

ヤンチャ君は「うざっ！」と言い、前に座るもう一人のヤンチャ君と教室から飛び出し、身体障害者用のトイレにカギをかけ、閉じこもってしまった。

「席がえするまで、出ねーから！」

「出てきなさい」

「じゃあ、席がえする？」

「しません」

「じゃあ、無理」

大きなショックを受けた出会いであった。この後、学年主任の先生がやりとりを聞きつけ、助けてくれ、その場はなんとか収まった。

だが、これがまさに崩壊の始まりだった。

この子が関わるいじめが何度も起きた。上履きに画鋲が刺さっていたり、筆箱がベランダから投げ捨てられたり、教室内外の掲示物に人を傷つける言葉が書かれたりとさまざまな事件が起きた。授業中は、数名の男子が教師の言葉を妨害するようにしゃべり続け、教室内を走り周り、級友にちょっかいを出した。しだいに授業どころではなくなっていった。私に笑顔はなかった。

事件が事件を呼ぶ、負のサイクルに陥った。

子どもが話を聞かない。聞かないからくどくどと注意をする。子どもはしつこいと反発する。しつこいとは何だと言い返す。クラスの雰囲気がどんどん暗くなっていく。為す術もなく、怒鳴って静かにさせようとしたこともあった。

そして、四月下旬、クラスの中のもの静かな子の親御さんが学校に来た。「うちの子はちゃんとやろうとしているのに、うるさくて、授業が聞けない。O君が怖くて学校に行きたくないと言っている。先生、どうしてくれるんですか」と訴えられた。

この保護者はそれから毎日学校に来て、教室に入り、私の授業を参観した。モンスターペアレントだと言ってしまえば簡単だが、親をモンスター化させてしまったのは、すべて私の責任だ。

2　崩壊を立て直す術を、サークルで得た

新卒教師の学級がなぜ崩壊するのか。

「大学で『学』は教わっても、『術』を教わらないからである」

向山洋一氏の言葉だ。確かに、十一年前に大学を卒業し中学現場に赴任した私も、大学で「術」を教えられた記憶がない。

二〇〇七年以降、埼玉県内の学生の学習サークルや授業技量検定を世話して四年。広く全国の学生ともつながり、三百名を超える学生と勉強を共にしてきた。その過程ではっきりしたのが、これだ。

学校現場で子どもに教える「術」、すなわち「教育技術」を教えられる大学教員がほとんどいない。

いれば教えているはずだ。学生たちが教えられていないという現実は、教えることのできる教員がいないことの証である。

事は現場に出ても同じだ。

授業や学級経営が上手くいかず、悩み苦しむ若手教員に、具体的な助言を与えたり代案を示したりできる教員は想像以上に少ない。思いの述べ合いはできても、具体策を提示することができないのである。

力量のある教員も、少ないが確かに存在する。だが、日々自分の仕事で忙しく動き回っており、若い者の面倒を見ている余裕がないのが現実だ。

そして、何より問題なのが、

授業力・統率力を向上させる校内研修が、存在しないことである。

全職員参加で実践的に力量を高め合う研修がなければ、平日夜間や休日に身銭を切って学び続ける人間だけがいい仕事をし、そうでない人は質の低い仕事に留まるという現状が延々と続かざるを得ない。学校は組織体であるのに、組織のよさを活用せず、いつまでも属人的な仕事に頼らざるを得ない。

頼るべき人も、忙しさの中で、他人を顧みる余裕がない。力量の低い人の指導までいかない。

ゆえに経験の割には実力の伸びが甘い。「教師の世界は『経験年数』でなく、『経過年数』と言うべきだ」などという批判を外部から受けるのは、このためである。

そんな中で崩壊状態を立て直す力量を身につけるには、みずからサークルや研修会を探し、参加する以外にない。

「いい授業がしたい」「いいクラスを作りたい」「子どもたちと笑顔で過ごしたい」

四月のひと月を学級崩壊のまっただ中で過ごした吉川氏は、心の底からそう願った。そして五月初旬、「TOSSデー」という研修会に足を運んだ。「TOSSデー」とは、教育研究団体TOSSがここ十年間、毎年三月から五月にかけて全国一千会場で開催している、授業や学級経営の「術」を学ぶ勉強会の名称である。吉川氏が参加したのは、私が代表を務める「TOSS埼玉志士舞」のTOSSデーであった。彼は言う。

クラスを立て直す術をたった一つでも知りたくて参加した。そこで長谷川氏と出会った。荒れた中学校の中で、氏のクラスの生徒たちが堂々と合唱している姿を見た。私は自然と涙が出た。こんなにも子どもたちが活躍して、一生懸命になっている姿に。教師の力量でここまで変わるのか、教師に力があれば、子どもたちをここまで伸ばすことができるのだと。その涙には、受け持っている子どもたちに何もしてあげられない、そんな自分が情けないという悔しさも交じっていた。

子どもができないことを子どものせいにするのではなく、自分の行動を振り返って原因を探すのだということ、教師が行動していないのに、子どもが動くはずがないことを教えてもらった。

私は、教師が口で言えば子どもたちが動く、それが当たり前だと思っていた。教師がでんと構えて子どもが動く、そういった姿を想像していた。しかし、それは単に自分が楽をしたいだけだった。大人が楽をして、子どもが動くはずがない、私は、子どもたちに見透かされていたのだ。生き方の間違い、説得力のなさ、実力の低さを。

それに気づいた私は、子どもより先に行動するようにした。すでに荒れてしまっているクラスだ。給食の時間も掃除の時間も、多くの子が仕事をせず、ダラダラしていた。それまでの私はいちいち怒っていた。子どもは反発し、また、私が怒ることを楽しんでいた。だから、説教を止めた。

私は食器を一番に運び、自分で用意した。掃除の時間も雑巾がけをして、机を運んだ。すると、一人、また一人と仕事をする子どもが増えていった。

立て直しのステップの一段目は、長谷川氏から教わった、この「率先垂範《そっせんすいはん》」だった。

ステップの二段目は、「減らしたい行動は無視する。増やしたい行動を褒める」ことだ。

これも氏から学んだことだ。私は本当にこの教えに救われた。荒れた環境にいるとヤンチャ君への対応に追われ、その周りでちゃんとやっている子に目が届かなくなってしまうのだった。減らしたい行動にいちいち取り合わず、「積極的な無視」をするようになって、少しずつちゃんとやっている子を見、褒めることができるようになっていった。子どもを叱るのではなく、褒めて育てる。褒めて行動を強化する。そう意識した瞬間から、私の心は軽くなった。

三段目は「授業の下手さを自覚する」ことだった。

自分の授業を録音し聞いてみた。一分で止めた。それ以上聞き続けることができなかった。間延びした声、「えーっと」「あのぅ」などの余計な言葉、何を問うているのかわからない発問、指示の付け足し他、問題点は書き尽くせないほどたくさんあった。授業が崩壊するのも当然だった。

ステップの四段目は「授業力を高めるために模擬授業に挑む」ことだ。

サークルに入り模擬授業にチャレンジした。回数を重ねるに従って、授業での子どもたちの反応が変わってきた。まず私の話を聞くようになった。だらだらした行動もきびきびとしたものになっていった。私が模擬授業や授業技量検定を通して明確な発問・指示、笑顔と温かな対応、授業の始まりのつかみ、全体への目線、心地よいリズムなどの指導を受け、学び、改善していくことで、子どもたちもまた変わっていったのだった。

その他「休み時間に一緒に遊ぶ」など、教えられたことを一つずつ実行していった。日に日にクラスが安定していった。

私のもとには日々メールや電話で相談が寄せられる。面識のない方もいる。それらに対する返信は、私自身がＴＯＳＳや先たちの実践に学び、実践を通して納得したことである。相談の数カ月後に届く生還の報告やその声調、笑顔に私もまた救われている。

4 崩壊に苦しみ、退職を選んだ女教師の記録

1 期待を裏切るから、生徒は荒れる

私のサークルには、授業崩壊・学級崩壊に苦しんで一度退職の道を選び、その後再び試験を受けて再任用された女性教師もいる。本川由貴子氏はその一人である。

本川氏が経験した崩壊と、そこからの生還のステップを取材した。

初担任は五年目だった。直前に結婚をし、公私ともに生活は大混乱していた。

四月の出会いは、特に準備することなく、行き当たりばったりだった。ヤンチャのT男は、最初は目を輝かせていたが、いつの頃からかアドバルーン（生徒が教師の「許容量」を試す言動）を上げ出した。指示を出しても「～しなくてもいいですか？」と返される毎日だった。

それがアドバルーンだと知るよしもなく、その場しのぎの返事をしていた。

反抗する生徒はT男だけでなく、男子のほとんどがアドバルーンを上げるようになっていった。

女子はまだ大丈夫だと思っていたところ、英語教師が教師人気ランキングというものを授業の中で行った。他のクラスでは担任が段突で一位にランキングしたそうなので、何の疑問も持たずに自分のクラスでも行ったそうだ。

担任の名前を挙げると、誰一人手を挙げなかったと聞かされ、ようやく学級崩壊だと意識した。

だが、その時はすでに遅かった。

運良く？　運悪く？　私は妊娠し、十二月いっぱいで産休に入ることになった。年度途中で担任が替わることに罪の意識はあったが、正直、生徒も私もホッとしていたのである。大義名分ができたからである。その後、風の噂で我がクラスは新しい担任が着任した早々、立ち直ったと聞いた。

年度初めの三日間、そして一週間。その時期の仕事の大切さを、向山洋一氏は「黄金の三日間」「黄金の一週間」という表現で毎年主張し続けている。

この時期に学級のしくみをつくり、授業のしくみを作り、ルールを確定し、教えて褒めて育てていくことが何より重要だ。

本川氏はそんな大切な時期を「行き当たりばったり」で過ごしてしまった。無理もない。当時、現場の先輩や公的研修、大学の教員養成の場で、

「黄金の三日間に何をどのように行うと学級や授業が安定するのか」

という教育は為されていなかったからである。そして、その現状は今もあまり変わっていない。

最高最善の準備をすることなく臨んだ学級開き。生徒が上げるアドバルーンへの、思いつきの対応。生徒は期待を裏切られ続けることとなる。こうなると崩れるのは早い。それでも、本川氏は言う。

自分は初担任だったし、替わりの先生は文科省の仕事もする力のある教師だから仕方がないと、あまり自分の非力さを考えなかった。

指標がなければ実践の誤りに気づくことはできない。優れた実践を知らなければ危機意識も持ちようがない。知らない自分が悪い、できない自分に非があるという反省には至らずに、子どものせいにしたり家庭や地域のせいにしてしまう。教員には未だに、自身の勉強不足、修業不足を棚に上げて責任を自分以外に求めて省みない人が多くいる。

当時の本川氏もそうであった。我流を通しているうちに生徒たちが荒れていった。

2　問題解決学習で、生徒に殴られる

学級がほころんでいくのと同時進行で、授業もまた端々がほころんでいく。

数学教師になりたかったのは、自分は数学が好きで、教えてくれた先生より楽しい授業をしたかったからだった。教科書を使う授業は、例題に解き方や答えが書かれていてつまらなかった。問題解決学習が楽しかった。ノーヒントで課題を解決し、優越感に浸れるからだ。

問題解決学習をするため、教科書と同じような類題を問題集から探すことに時間をかけ、それが教材研究だと勘違いしていた。

A男は、四月に出会った時は素直だった。「背筋を伸ばして手を挙げた人を指すよ」と言えば、シャキッと背筋を伸ばし、理想的な解答を一番に発表していた。きっとこの生徒は伸びるだろうと期待していた一人だっ

た。だが、半年もたたないうちにＡ男の活躍場面は減っていった。

どうしたのかなと思いながらも、特別な手立てを打たなかった。

具体的に何をどうすればよいのかが、わからなかったのである。手をこまねいていたのだ。

二年生になって、Ａ男はやる気がまったく見えなくなった。ある日、「おまえのことを殴りたい」と言われた。

私はＡ男に数発殴られた。

その時、Ａ男は確かにこう言った。

「教えられなければ解けるわけがない！」

私はそれでも問題解決学習を止めなかった。自分のせいだとは思えなかった。Ａ男が悪いのだと、責任を転嫁していたのである。

今思えば、Ａ男の訴えが問題解決学習の問題点だったはずだ。教えもしないのに「解け」と言い、塾に通う生徒だけが活躍する授業をしていたのだった。Ａ男はプライドを傷つけられていたのであろう。

教えることが仕事の教師が教えなければ、授業で生徒に力をつけることはできない。できるようになりたいという生徒の願いを無視していては、関係を結ぶことなどできやしない。

本川氏の授業には、他にも次のような問題点があった。

① 挨拶ができていなければ、何度もやり直しをさせた。
② 一部の生徒の問題を、全体の問題にしてくどくどと説教をした。
③ 過去のことを持ち出して「あの時もそうだった」などと責め、生徒の変容を認めなかった。

どれも「禁じ手」である。なぜか。

生徒の自己肯定感をむやみやたらに傷つける方法だからである。


発達障害の専門医である平岩幹男氏（日本小児科連絡協議会「発達障害への対応委員会」で長谷川が共に研究をしている医師）が主張するように、発達障害があろうとなかろうと、我々教師が生徒の自己肯定感を高い位置に保つことができれば、教師生徒間の人間関係が構築され、教え育てることが可能となる。生徒の傷ついた自己肯定感を回復させ、高めていくために私たち教師の仕事がある。それをさらに傷つけ貶めるようでは、生徒から忌避されて当然なのだ。

生徒たちは次第に本川氏を呼び捨てにするようになり、「タメ口」をきき、指示に従わなくなっていった。

授業が授業でなくなっていった。

心底困り、信頼できる教師に相談した。しかし、納得のいく答えは返ってこない。

原因はこれだから、こうすればよくなる。そのためにまずこれを学べ。

このような具体的な対応策が一つも出てこないのだった。

教師が学ばず、実力を高める努力をせずして、失われた信頼と尊敬を取り戻すことはできない。

信頼と尊敬のないところでいくら指導をしても、叱責をしても、生徒は聞く耳を持たない。

だが、若い本川氏はそのことに気づかなかった。問題点をえぐり出して教えてくれる先輩も、皆無だった。

結果、A男や他の生徒との関係が改善することはなかった。

「まるで、自分の人間性を否定されたようで、自信をなくした」

ほどなくして、本川氏は退職を選択した。

3　辛い過去を、教師修業の原動力にする

現在、本川氏は大規模校で特別支援教育コーディネーターを務め、担任をし、数学を教えている。管理職の先生からは「管理職試験を受けてみなさい。あなたのやりたいことを実現する手段です。なってほしいと思う人に声をかけているのです」と言われたという。仕事が評価されている証である。

TOSS授業技量検定二十三級。例会で数学の模擬授業を受けた。無駄な言葉が削られ、教えて褒めることが意識された、安定した授業となっていた。

先日の研修会では司会を務めてもらった。「司会の先生が一日中笑顔だったことに驚きました。安心して講

座を受けることができました」という言葉が、アンケートに複数綴られた。

崩壊に悩み苦しみ、教師の職を辞した事実を、本川氏はすでに過去のものとしている。いや、辛かった過去を、自身が成長することで目の前の生徒たちをさらに伸ばす、そのための修業の原動力に変換している。

家庭を持ち子育てをしながら教師修業を続け、崩壊から生還した本川氏の足跡を、次節で分析してみよう。

4　見るに見かねて、復帰を決意する

一旦退職した本川氏の元に、臨採の話が舞い込んだ。数学の教師を探しているがすでに一カ月も見つからず困っているという。本川氏は現場の苦労を知っているだけに、人助けのつもりで引き受けた。

しかし、いざ赴任してみると、その学校は学級崩壊どころか、学校そのものが崩壊していた。授業中にもかかわらず廊下に生徒たちが寝そべり、罵声が飛び交っていた。また、授業にいない生徒を、教師がケータイで呼び出している場面にも出くわした。

本川氏は過去、授業を崩壊させ、退職した身であった。崩壊状態に悩み苦しみ、自分の力量では教師は務まらないと、職を辞した。

生徒の反抗の原因、そして授業崩壊の原因は自らの指導力の低さにある。

本川氏は、そう自覚していたのである。それでも何をどうしたらうまくいくのかがわからず、また、指し示してくれる存在もなく、退職を選んだ。

しかし、である。その学校の教師たちの多くは、すべてを生徒のせいにするばかりで、悩んでなどいなかった。

自らの非力が生徒をして荒れた言動を取らせているのだという認識がなかった。

ちょうどその折、本川氏の子どもが中学生になろうとしていた。「こんな教師たちに預けられない」と憤り、氏は復帰を決意した。

5　女教師、生還のための11ステップ

「今度こそ崩壊はさせない。そのためには、勉強するしかない」

意気込んで向かった本屋で手に取った本が『女教師ツーウェイ』（明治図書）だった。何度も読みこんだ。そこから変革が始まった。

① 教科書を使う

問題解決学習を止め、教科書に沿って授業をした。

数学の苦手な生徒にも「わかる」授業をしないから、生徒は飽き、怒り、そして諦め、廊下に出ていくのだと考えた。

できない子ができるようになった事実を山ほど生み出している向山型算数の手法に学び、教科書主体に授業

をするようにした。教科書を読む生徒、ノートを取る生徒が徐々に増えていった。

② 全体を優先、個別対応は後にする

挨拶、音読、発問、指示は全体を優先するようにした。

一部の生徒ができていなくとも、全体を動かしてから、個別対応をするようにした。すると、真面目な生徒が安定した。また、ヤンチャな生徒も目立たずに指導されるので、素直に直すようになった。こちらが怒る必要もなくなり、教室に明るい雰囲気が保てるようになった。

③ 一時に一事の指示を徹底する

「教師がしゃべりすぎてはいけない」と書かれていたので、一時に一事を意識して指示を出すようにした。

すると、全員が一つの指示で反応するのがよくわかるので、指示に従わない生徒への対応もしやすくなった。また、朝の連絡事項も、午前中に必要なものしか連絡しないようにした。生徒のワーキングメモリーを考えると、一度にたくさんの連絡事項を伝えても覚えられるわけがない。午後の連絡については給食の時間を利用した。

加えて、朝の会、帰りの会ともにプログラムをシンプルにし、司会者にもテンポよく進めるように指導した。特に「先生の話」では、特に話すことがない日は「なし」として終わりにする。朝の会は三十秒、帰りの会は五分で終わるようになると、生徒はとても喜んだ。無駄を省くことも信頼を深める大事な術だと気づいた。

④　教態を改善する

サークルへ入り、模擬授業で教態について指導を受けた。

教態とは教師の立ち居振る舞いの謂《いい》である。
自分が模擬授業を受ける身になると、授業者の教態の重要性が身にしみてわかった。

堂々と立つ。生徒全員が見える位置に立つ。目線を上げる。目と目を合わせる。

全体をくまなく見渡すために、メガネをやめてコンタクトにした。板書する時は、生徒に完全に背を向けることを避けるために半身になる。教科書を読む時はどこから読むのか指を置いて見せる。
模擬授業で指導されたことを、教室で意識すればするほど、授業は安定していった。

⑤　赤鉛筆指導を取り入れる

赤鉛筆で、勉強の苦手な生徒のノートに途中式を書き込む。時には答えを書き込む。全員のノートに丸をつける。そのような支援をすると、授業に参加する生徒が増えていった。

自分の書いた答えが教師の目を通過していることで自信がつくのか、発表する生徒も増えた。
全体が思考している最中に、言葉を発してその思考を遮ることなく、黙って個別対応ができるので、どの子も満足していった。

⑥　ノート指導を徹底する

行間をあけた、余裕のあるノートを作らせるように、ノート指導を徹底した。

「一行あけて」「二マスあけて」など、細かく指示を出すと、多くの生徒がうっとりするほど綺麗なノートを書くようになっていった。「マスから文字がはみ出していなければA」などその場で個別評定をすると、生徒は意欲が喚起され、さらに綺麗なノートが増えていった。授業の感想にも、「ノート指導はよかった」と書かれるようになった。

⑦　趣意説明をする

ノート指導、音読、鉛筆を使う理由など、趣意説明をすることで納得して行動する生徒が増えた。

頭ごなしに指示を出されるよりも、「～のために…する」などと趣意説明を受ければ、生徒たちは素直に反応するのだと実感した。

⑧　個別評定をする

ノート指導、生徒の解答、一分間スピーチ、日記に対してその場で個別評定をすると、生徒はより高い方向へさらに伸びようと努力をするようになった。

個別評定は合唱指導にも効果を発揮した。特に、安易に合格点を出さないようにすることで、全体のレベルがあがり、他のクラスとは格段の差ができた。

⑨　生徒の三倍動く

清掃指導では、生徒の模範となるようにまず自分が動くことを心がけた。

それも生徒と同じスピードではダメだ。長谷川が「生徒の三倍動く」ことを実践していることを知った。自分も、教室掃除をし、廊下掃除をし、トイレ掃除をして教室にもどることが常になった。

模範を示せば、生徒は自然と掃除をするようになる。クラスは、他のクラスが掃除を始める頃に掃除が終わることが定番となった。

⑩　褒めて、褒めて、褒めまくる

出会いから褒めて、褒めて、褒めまくった。

授業でも些細なことを褒めた。よくやっている生徒を褒めることで全体も褒められたいというムードになり、クラスが安定していった。褒められたくて発表する生徒も増えた。静かな生徒も、赤鉛筆でノートに褒め言葉を書き込むとにっこり微笑んだ。

⑪　笑顔で、自分自身が楽しむ

指示に全員が従わない時も、アドバルーンが上がった時も、掃除をしない生徒がいても、忘れ物の常習者がいても、笑顔を忘れないことを心がけた。どんなことも笑って吹き飛ばすことにした。生徒指導が必要な場面でも、全体の場では明るく、短く指導することで効果が出てきた。

長谷川の実践を聞き、少々のことは「そうきましたか」と思えるようになった。

懐が深くなった。笑顔を保つことで、自分も生徒も楽しく授業ができると学んだ。

11のステップを再掲する。

① 教科書を使う。
② 全体を優先、個別対応は後にする。
③ 一時に一事の指示を徹底する。
④ 教態を改善する。
⑤ 赤鉛筆指導を取り入れる。
⑥ ノート指導を徹底する。
⑦ 趣意説明をする。
⑧ 個別評定をする。
⑨ 生徒の三倍動く。
⑩ 褒めて、褒めて、褒めまくる。
⑪ 笑顔で、自分自身が楽しむ。

教師が変わり、子どもが変わる。まさに教師自身の主体変容が試されているのである。

5 教師がスポイルした子どもたちを、教師が救い育てる

次は我がNPO法人埼玉教育技術研究所が主催する研修会に何十回と参加してくれている鈴木恒太氏の体験を取り上げる。

鈴木氏は大学で向山洋一氏の講義を受け、現在は東京都で小学校教師を務める、学びの意欲旺盛な若者だ。

その彼の学びの意欲の底部には、初任で遭遇した学級崩壊の記憶があった。そして、子どもたちを絶対に不幸にしないという固い決意があった。インタビュー内容を紹介する。

1 初任で遭遇した学級崩壊

四月はただでさえ新しい出会いへの期待に胸が躍る。その年、採用が決まった。小学校四年生三十九名の子どもたちの担任として教師生活がスタートした。これからどんなクラスを作ろうかとワクワクしながら、子どもたちの前に立った。

初めて出会う子どもたちに、ニコニコしながら、「おはようございます！」と次々と元気よく挨拶をした。しかし、子どもたちは私の顔を一瞥しただけで、すっと素通りしていった。「あれ？」と思ったが、最初で緊張しているのかなと思った。

着任式が終わり、教室での対面。今度こそと気合を入れ、「おはようございます！」と笑顔で挨拶をした。しかし、誰一人として返事をする者はなかった。

事はそれで終わらなかった。次のようなことが初日から次々と起きたのである。

①　休み時間に廊下で、たわいもないことを話しかけると「あ!?　死ね！」「殺すぞ！」と返してくる。
②　廊下を走っているのを呼び止めると、「何で俺ばっか注意すんだよ！　うぜーな‼」といきり立つ。
③　学級開き三日目で、いきなり靴かくしが起きる。

子どもたちとの出会いに胸を躍らせていた鈴木氏の顔は、次第に青ざめていった。

2　なぜ、子どもたちは崩壊したのか

間もなく鈴木氏は、この子どもたちが四年生になるまでに、どのような経験をしてきたかを知ることになった。

一年生、一クラスが学級崩壊。

二年生、一クラスで授業崩壊。

三年生、他学級にも飛び火して一クラスを残し、二学級が崩壊。

そして、四年生になり、学級減により学年主任と鈴木氏の二クラス編成となる。「今考えても、これは初任者としてはきわめて厳しい教師生活のスタートだった」

鈴木氏は言う。そして、続けた。

「しかし、私には他の初任者とは違う点があった。それは、学生時代からＴＯＳＳと出会い学び続けていることと、長谷川博之氏と出会っていたことである。だから、力はなくとも、『この子たちを何とかしてやりたい』という矜持だけは持っていた」


彼には頼みの綱があった。具体的な学びの場があったのだ。

よって鈴木氏が諦めることはなく、ゆえに鈴木学級が「悪化の一途をたどる」ことはない。出会いのその日から、彼と子どもたちの抱える「負の歴史」との戦いが始まった。

「そこで、この子たちはなぜ崩壊してしまったのかを、『黄金の三日間』の指導をしながら、分析した。保護者や子どもたちからの聞き取りをし、以下の三点が出てきた。

①　授業がつまらなかった。
②　教師の言うことを聞くと損をした。
③　教師の話が長かった。

一言で言って、教師への信頼は完全に失墜していた。正直者がバカを見る環境になっていた。とりわけ、真面目に教師の言うことを聞こうとしていた子がいじめられ、からかわれ、傷ついていた。

それだけではなかった。崩壊の中心にいたヤンチャ坊主たちも、『どうして自分の体が動いちゃうのかわからない』と言っていた。教師が変わらなければならないのは明白だった。子どもたちや保護者からの悲痛な叫びを聞き、胸が痛くなった」

酷い現状を「子どもたちが悪いのではない」と受け止める器と精神性とが教師にあればこそ、生還に向けて具体的な方策を次々と打つことが可能となる。

批判の矢はまず自分自身に向ける

うまくいかない現実の、主原因は自分自身にあると思い定め、何が悪かったのかを分析し、それらを一つひとつ修正していくのである。

相手を変える前に、自分を変える。

これが現状打破の鉄則である。
鈴木氏は原則通りに立て直しを開始したのだ。
氏が採った方策を以下に述べる。

3 生環するための方針を立て、実行する

「この子たちに、授業が楽しいと思わせたい。わかる喜びを味わわせたい。できたという達成感を味わわせたい」
鈴木氏は痛烈にそう思った。そして、そのための方針を決めた。

① 漢字や計算などで、小さな成功体験をたくさん積ませる。
② 学習では、できるだけ向山実践・TOSS実践を行い、「できる・わかる」を保証し、達成感を味わわせる。
③ 長谷川の実践を常に追いかける。

④　子どもに媚びず、教師が言ったことがいつでもどこでも一貫している状態をつくる。
⑤　いじめ指導などの生活指導については、集団の教育力を使った戦い方を学び、身につけておく。
⑥　「くつを揃える」ならその一点に絞って一定期間指導し、あれこれと同時に指導しない。

これらの方針の下、鈴木氏はクラス内にはびこるいじめやルール無用の態度に毅然と対応し、早期解決を積み上げていく。

それにとどまらず、学年主任とも相談して「五色百人一首」、「あかねこ漢字・計算スキル」、「1／2成人式」、「夢のノート」、「TOSS道徳」などの効果的な実践に次々と取り組み、協同で学年を立て直していった。

4　零点の子に百点満点を取らせる

騒然としたクラスの中でも最も目立っていたのがA君だった。彼は次のような状態だった。

①　授業中は熟睡。
②　ノートを取らない。鉛筆が嫌いで鉛筆を持たない。
③　学習道具を一切持ってこない。
④　授業参観では保護者が大勢見ている中で、床で熟睡。
⑤　指導で廊下へ出され、教室に鍵をかけられる。
⑥　復讐として教師を外に出し、鍵をかけて教室に入れなくする。

当然、漢字テストも零点だった。「オレ、バカだからいいもん」が口癖で、初めから自分に勉強ができるようになるとは思っていないようだった。

そもそも、なぜ、板書をノートに写さなければならないのか、漢字練習などをしなければならないのかを理解していないようだった。

そこで鈴木氏は、繰り返し趣意説明を試みた。「写すことは大事な勉強である」ことを語った。鈴木氏が赤鉛筆でうすく書いた文字を鉛筆でなぞらせることをすべての授業で行った。A君が一文字書けるようになるたびに丸をつけて褒めた。

悪態をつかれても、腹立ちを抑え、自分で自分の機嫌をとって穏やかに対応しつづけた。

一週間、二週間、三週間。それでもA君の得点は伸びない。鈴木氏の批判の矢はさらに自分自身に向けられる。向山型漢字指導をゼロから学び直し、我流を排して実践を続けた。

四月は零点だったA君の漢字テストの平均点は、五月にようやく十点台となった。

そして、七月に五十点を超えた。そのあたりから、A君の漢字練習への取り組みが変化してきた。「ひょっとしたら、オレもいけるんじゃないか?」そんな思いが彼の中で芽生え始めたのを鈴木氏は感じ取った。

指導を始めて半年後の十月。A君は生まれて初めて百点を取った。得点を発表した瞬間、クラスの全員から「ワーッ‼」と歓声があがった。彼の百点を拍手で祝福した。もちろんテストで百点を取ることは小さな一歩だ。しかし、絶対に百点など取れないと自分も周りも思っていた、そのA君が百点を取った事実は、大きな意味をもっていた。

以後、彼の学習態度は激変した。授業開始と同時に寝るのが恒例だった彼が、ちゃんと起きており、周りの子よりも早く学習の準備をするようになった。

しかも、おもしろいことに、まったくできなかった漢字テストで、それ以降百点を連続して取るようになったのである。

このことがクラスに与えたプラスの効果は計り知れない。

「A君だって、やればできる」

人間の可能性の証明が、目の前で、事実で示されたことにより、A君をバカにする子がいなくなった（長谷川にもまったく同じ経験がある）。

生還への道が大きく拓けていった。

5　変容を自覚した子どもたち

「給食当番の仕事をきちんとできるようになった」

「人のために何かしたいって考えられるようになった」

「キモい、ウザい、死ねと言わなくなった」

「地域の人に喜んでもらいたくて一生懸命練習した」

「係の仕事を毎日やった」

「『利他』の行動ができるようになった」

鈴木学級の子どもたちの声である。

鈴木氏は私の実践である「できるようになったことの指名なし発表」を追試した。

私は一学期の終わりに、「入学から今日までに君たちはたくさんのことができるようになりました。小学校時代にはできなかった、やらなかったけれど、今はできる、やるようになった。そういうことが一人ひとりにたくさんありますよね。箇条書きで、できるだけたくさん書きなさい」と指示して書かせることをする。そして、指名なしで発表をさせる。

この時間はきわめて貴重だ。ヤンチャ坊主ほど先を争って立ち、次から次へと発表する。発表している生徒もそれを聞いている生徒も、そして私も、全員が明るく温かい気持ちになる。教室中が笑顔になる。

その映像を研修会で示したところ、たくさんの教師が追試してくれるようになった。鈴木氏もその一人である。

鈴木氏が実践したのは一月。先に触れた、漢字テストで生まれて初めて百点を取ったA君はこの時、次のように発表したという。「鉛筆が好きになった‼」

鉛筆を持つことさえ拒絶していた四月。あの状態から大きく変容したことを実感した瞬間だった。もちろん、他の子どももだ。

三月、ある女子は次の作文を書いた。

みんなの四年二組　B子
「そんなの無理だよ」

三年生で荒れ放題だった私たちは、四年生のクラスがえで新しい先生になった。

先生は、四年生を変えろって言ったけど、私たちは荒れ放題だったから、「無理」とか「できない」とか、先生の話さえ聞いていなかったような気がする。

三年生では、授業中に、寝ている人もいれば、立ち歩く人もいた。今の四年生でそんなことはぜったいにありえない。

先生は、三年生でやったことなどないことばっかりを体験させてくれた。

あたり前の事を全然できなかった私たちに、先生は、「あたり前のこと十カ条」をつくってくれて、朝の会で読み上げるように指導した。道徳で、映ぞうをつくってくれたりして、おもしろかった。

少しずつ、できることをふやしていくうちに、あたり前のことがあたり前になった。

二月に、転校生が来た時にはもう四年生らしくなっていたと思う。

かえることができなかったのは、やる気がなかっただけで、やる気を出せばかえることなんてかんたんにできることを学びました。

「やればできる。あきらめてはいけない。」

四年生で教わったこの言葉は、これからも大切にして忘れないように実行していきたいと思う。


これが教室の事実である。鈴木氏は言う。

「私は弱い教師です。だから、うまく行かないと苦しくてすぐに子どものせい、保護者のせい、地域のせいにして、逃げたくなります。それでも、周りの人たちの支えに感謝しながら、ギリギリまで自分の責任としてとらえ、学び続けて行けば、子どもたちが事実をもって『先生、それでいいんだよ』と教えてくれることを知りました。それが、私の教師としての腹の底からの実感でした」

6 崩壊を立て直す教師の条件

マイナスの状態からスタートし、一時は無力感に苛まれ、学校に行くことすら辛くなる日々を過ごした鈴木氏。しかし学級は、三月が近づくにつれ、解散するのが惜しいほど質が高くなっていった。

鈴木氏は五年生、六年生とこの学年を持ちあげた。最後の年には地域のお年寄りとの「ふれあいコンサート」を企画、温かい交流コンサートを実施したり、五色百人一首東京都大会に子どもたちが出場したり、変声した男子を生かして混声合唱に取り組んだり、子どもたちの作った詩に鈴木氏が曲をつけ、オリジナルの混声三部合唱で音楽会に出場したり、縄跳び大会で学校に伝説を残すという目標を立てて練習に励んだりと、さまざまなドラマを経験することができたという。そして、それらの思い出を胸に、幸せな気持ちで卒業させることができたのだという。

生還までの途上で、鈴木氏は崩壊する学級を複数目にした。勤務校の荒れる学級を見ながら、「明日は我が身」と恐れた。しかし、そこで歩みを止めなかった。研修会や書籍から学び続けたのだ。その結果として、学級の成長があった。

学級崩壊や授業崩壊を克服した教師は例外なく「学び続ける」人である。

原理原則を学ぶのみならず、常に新たな情報を求めて動いている。授業技量検定にも果敢に挑む。その蓄積の中で知的に磨かれていく。実力も高まっていく。

私も「立て直し請負人」ともいうべき教師たちを複数知っているが、どの人も例外なく魅力に溢れている。自らを高めることで周囲を幸せにしている、それが彼らの魅力を形作っているのだ。

そういう教師が、荒れた学級、荒れた授業を正常化させ、さらに高みへと導いていくのである。

逆に言うなら、学ばない教師には教壇に立つ資格がない。学ばないことは「ゼロ」でなく、「マイナス」の結果さえ生み出すことになるからだ。

たとえば、特別支援教育を学び実践する義務が我々教師にはある。しかし、現在も依然として、特別支援教育からそっぽを向いた実践をしている教師が山ほどいる。特別支援の知見と対応技術なくして、学校教育は成立しない。そのくらい重要なことであるのに、「我関せず」でのほほんと過ごしている。結果として授業を荒らし、学級を荒らす。子どもをスポイルする。その尻拭いを周りがしているという現実が多くの学校にある。

さて、崩壊の現実と格闘しつつ、鈴木氏は「激しい学級崩壊を立て直す教師の条件」というものをまとめていく。鈴木氏の言葉を整理して紹介しよう。

激しい学級崩壊を立て直す教師の三つの条件

① 芯の強さ

崩壊学級を担当すると精神的に疲弊する。それは半端なものではない。たった一時間の補教授業でも、神経を擦り減らす。毎日、このギリギリの緊張感を経験しながら、子どもたちに変容を促す指導をしていくには、圧倒的な芯の強さがないとまず無理だ。その芯の強さは、激しく荒ぶる子どもの事実を目の前にして、「絶対にこの子たちを育てる！」という「強烈な信念」から生まれる。

② 格好よさ

明るさ・清潔感は絶対条件だ。単にイケメン・美人であればよいということではない。イケメン・美人でも崩壊する。荒れた子どもたちは感受性が必要以上に鋭い。教師に対する感性も人並み以上である。教師を見る目は普通よりも厳しい。

崩壊を立て直す教師はこの絶対条件を当たり前のものとしてもっている。この条件を備えていない教師には、荒ぶる子どもたちの前で語る土俵にさえ立てない。

③ 対応力

激しく荒れた子どもたちは、うんざりするほど無数のアドバルーンを教師に叩きつけてくる。彼らは対教師の喧嘩のプロである。巧妙に教師を挑発する暴言や問題行動を繰り返す。彼らは、教師の心を深くえぐり、傷つけるコツをよく知っている。これらに、いかにイライラせずに、「変化球」（子どもの言動を直球で叱りつけるだけでなく、手を変え品を変え指導の手を入れること）を投げ続けられるか。

①②を備えていても、「対応力」の具体的なスキルがなければ、激しい荒れには対応できない。対応力は、当意即妙な「語り」という形で現れることもあるし、一瞬のしぐさや返事で現れることもある。今までどれだけ嫌な思いや人生経験をしてきたかにかかっているところもある。基本的な授業力や楽しい授業ができるというのは、ここでは当たり前の条件である。

この三点に私も同意する。その上でポイントを加筆する。

①には、「使命感」というキーワードを加えたい。使命感を持って仕事をしている人間は、よくない結果を人や環境のせいにしない。あくまで自分自身の責任であると決め、改善の努力をする。

②には、「知性のきらめき」を加える。発する言葉の一つひとつが知性的であるか。対応はスマートであるか。子どもたちは教師に知性を求めている。知的好奇心を満足させてくれる教師を求めている。知性のきらめきは見た目にも表れる。自信となって、である。自信のある人は魅力的だ。

③には、「自身への対応力」を加える。悩む時期、苦しい時期が必ず来る。その時、自分自身を許すことが大切だ。学んだからすぐにできるわけではない。努力が形に表れるまでには時間がかかる。それまで、「がんばっているが結果が出ない」自分を許すのだ。「大丈夫。きっとよくなる」と唱えながら、である。それで笑顔が戻る。

私にもそういう時があった。

6 学生時代から真剣な修業を重ねた一教師の挫折と再起

1 学生時代に真剣に学んだという自負

「大学四年の三月。教壇に立つ直前。TOSSで学んできた私は、おそらく学んでいない学生とは違っただろう。『黄金の三日間』を知っていた。そのためにどのような準備をすべきかを知っていた。授業をパーツで組み立てることや、『部活動は生き方指導』であること、仕事は『その場主義』（後回しにしないこと）で片づけることなどを知っていた。『どんな子どもも大切にされなければならない。どんな子どもも可能性を持っている。一人の例外もなく』という信念、『授業の原則十カ条・TOSS授業技量検定D表項目の大切さ』『授業力・統率力』『発達障害』などについても知っていた。数々のセミナーや講座で受けてきたよい授業のイメージも頭にあった。それらに加え、二百名規模での模擬授業も経験してきたことを通して培ってきた自信があった。そのため現場で即戦力としてやっていけるだろうという自負があった。今思えば過信で自惚れでしかなかったが、その頃は『三年弱学んできたことをどれだけ生かせるか』ということを試したくてしかたがなかった」

学生時代からTOSSで精力的に学んでいた山梨県の広瀬翔氏は言った。

2 荒れの兆候に対応できない

広瀬氏の勤務校は、学生時代ボランティアで関わっていた中学校に決まった。

広瀬氏の教科は英語。授業はTTで行われており、学生の広瀬氏はT3（授業の補助役）として入っていた。T3として何をするのか。氏は、教科書もノートも開かず板書も写そうとしない生徒、授業中落ち着かない様子であたりを見渡している生徒、教師が注意してもおしゃべりを続ける生徒、授業中にいびきをかいて眠る生徒、紙飛行機をつくったりノートに落書きしたりしている生徒など、個別支援を要するとされていた生徒に対応する役を担ったという。

赤鉛筆指導や減らしたい行動は無視するなどを意識した対応をしたが、それでも対応しきれない部分があった。ALT、特別支援担当の先生、教育実習生二人も入り、一つの授業を大人七人で運営したこともあったとのことだ。

そして、赴任。教師となり、T1としての初授業。同学年の英語の先生が加わっていることもあり、目立った荒れはなかった。

だが、回数を重ねるたびに、徐々に荒れの兆候が表れ始める。

机に突っ伏して授業を受けようとしない生徒、「なんで英語、勉強しなきゃいけないんだよ」と反抗してくる生徒、「日本人だから英語なんか要らない」と言って勉強に取り組もうとしない生徒、他教科を内職している生徒が次々現れた。

広瀬氏は、彼らにひるんでしまう自分を感じていた。指導を詰めきれない、アドバルーンを潰しきれない。

増やしたい行動は褒める。
減らしたい行動は無視する。
許せない行動は叱る。

これが私たちが専門医から学んだ対応の原則である。「許せない行動」とは、人の心身を傷つける言動である。そう考えれば、授業中の生徒たちの不適切な行動の多くは「減らしたい」行動に分類される。これは無視をするのである。「取り扱わない」のだ。生徒がその行動を止め、為すべきことを為し始めた瞬間に褒めるために、である。

ここを間違えている教師が少なくない。カッとして言葉に言葉で立ち向かい、暴言の応酬になる場面もあるほどだ。生徒と同じレベルで「戦って」しまうのだ。それで自分のストレスは解消できるかもしれないが、生徒の自尊感情を傷つけるばかりで、プラスの効果は少しもない。

もう一つ、対応の原則がある。私が経験から整理したものである。

媚びない。
ぶれない。
動じない。

生徒に好かれようとして注意すべき場面で注意しない教師、嫌われたくないからと不適切な行動を見逃す教師。これが「媚びる」典型である。

同じ言動であっても生徒によって指導が違う。反抗してくる生徒には指導が甘くなる。これが「ぶれる」典型である。

生徒がちょっとトラブルを起こすとあたふたしてそちらにばかり目が行き、しっかりやっている生徒に目と手が届かなくなる。全体を統率することを忘れてしまう。それで真面目な生徒からの信頼も失う。これが「動じる」典型である。

新卒時代の広瀬氏にも、おそらく、この三つのうちのいくつかが当てはまっていたにちがいない。

広瀬氏は答える。「生徒たちはその隙を見逃さず、さらに学習に取り組まなくなった。そのような環境で一生懸命に勉強に取り組んでいた生徒たちも、少しずつそちらに流れそうになっていた」

「中間層を維持できない」

という、危機的な状況に陥っていったのである。

3　引き出しを増やし、実力を鍛える

四月の出会いの日から、生徒は情け容赦なくアドバルーンを上げる。

「『怖い教師』か『甘い教師』か」
「勝手がどこまで許容されるか」
「俺たちを指導する覚悟があるか」

こんな考えで、出会った教師を「品定め」してくるのである。

そのアドバルーンに適切に対応できれば、学級が荒れることはない。もちろん以後も問題は次々起きるだろうが（問題が起きることが即悪いこと、なのではない。問題は成長の源だと言った生徒が過去の長谷川学級にいたが、その通りである）、一つひとつを臨機応変に処理していけば、そのたびに学級も個人も成長していく。

「適切な対応」と書いたが、具体的には次のような対応を指す。

怒鳴らず（笑顔でスマートに）、

いらいらせず（余裕をもって）、
その場で（タイミングよく）、
短く（最低限必要な言葉で）、
要点を絞って（ずばりと）、
行う注意や助言、励まし。

無論、教師が意図的に声を張って、熱を込めて指導することが必要な場面もある。だが、それは年に数回あるかないかである。そのような勝負所で「勝つ」ためにも、日常的には先のような簡潔な対応をしたいのである。指導した後は後腐れなく、すぐ本題に戻ることもまた大切である。

このことが頭でわかっていても、実際にその場面になるとできない。そういう教師が多い。「知る」ことと「できる」こととは違うからである。「技術」と「技能」とは別次元の問題だからである。

では、どのようにして対応の実力を身につけていくか。

一つは、子役を置いた模擬授業である。

発達障害の子役、反抗挑戦性障害や行為障害の子役、あるいは障害の診断がなくとも教師の揚げ足を取ったり指示に従わなかったりする子役。そのような生徒がいるという設定で模擬授業をするのである。

そのような「子役付き模擬授業」を、専門医や発達障害の研究者に見てもらい、指導を受ける。そのような修業を私たちＴＯＳＳは十年以上行ってきている。

もう一つは、研究授業である。

単なる研究授業ではない。

指導案に「予想される生徒の反応」をびっしりと綴っての研究授業である。

一つひとつの発問・指示に対する生徒の反応を予想するのだ。

「この発問をしたらA君はこう答えるだろう。このようにコメントを返そう」

「Bさんは一番にノートを持ってくるだろう。それに対してこう対応しよう」

「まったく鉛筆が動かないだろうCさんに、このタイミングで個別指導に入ろう」

「この作業には取り組まないだろうD君とE君に、どのような声かけをしようか。この場面でこのように活躍させよう」

こういうレベルで「予想」し、「対応策」を決めて、指導案に書き込むのである。

ここまでしても、予想は裏切られる。生徒は突飛な反応を示してくるものだ。

それでよい。

裏切られた瞬間に、対応の引き出しがまた一つ増え、選択する力が磨かれる。

瞬時の対応を迫られるからだ。

こうした意図的な修業で「対応の引き出し」を増やし、実力を鍛えることを勧める。実力とは「最適な引き出しを瞬時に選択し実行する力」の意である。

4　言い訳しながら働くか、辞職するか

さて、授業の中で、広瀬氏が手応えを感じることができたのは音読指導と新出単語指導のみであったという。どちらも学生時代からの積み上げがあったからこそ、授業の中で指示・発問が確定し、テンポよく指導することができた。指導に確固とした型があるから、練習を積めば誰でもできるようになるのだ。

しかしそれ以外の指導、特に教科書教材の内容の指導はまったく駄目であった。教室全体がよどんだ雰囲気となる。息苦しくなるほど重い沈黙が続くこともしばしばあった。

そのうち、英語が得意な生徒が「発言しにくい」と言ってきた。考え抜いた授業にもかかわらずうまくいかないという経験が重なり、広瀬氏はどうすればいいかわからなくなっていった。「先の見えないトンネルの中に入っていくような感覚だった」という。

五月末、習熟度別授業に分かれるための希望調査をとった際、比較的英語が得意な生徒が広瀬氏以外のクラスを希望した。理由の欄には小さな丸文字で「広瀬先生の授業がよくわからないから」と書かれていた。

「その責任が教師である自分にあることは理解していた。ただ、どうしても受け入れきれない自分がいた。これまで学んできたことを否定されることが怖く、受け入れたくない自分がいた。生徒や環境に責任を転嫁しようとしたり、『初任者だから』などの言い訳をしている自分がいた」

「同じような悩みの中で、もっと知的な授業をしようという情熱を失った多くの教師たちが、自分の落ち度を認めたくないがために生徒の悪口を言ったり、よりよい指導方法を学ぼうとせずに我流の授業スタイルに

固執している状況が想像できた。

一方で、現状を何とかしたいと思いつつも、どうしたらいいのかわからず、悩んだ多くの先輩教師たちが心身のバランスを崩し、職場を去るという選択をしていることも想像できた。

そしてどちらの道かわからないが、自分も同じ道を歩みそうになっていることに気がついた。このままではいけないと心から思った瞬間だった」

広瀬氏の正直な思いである。

悩んでいても、荒れは容赦なく加速していく。そこから、どのように生還していったか。

5 行動だけが現実を変え得る

授業は六月から習熟度別になり、広瀬氏は発展コースを担当することになった。先に述べたような荒れの兆候を見せる生徒の多くは、別のコースを希望していた。「彼らにこそ授業で力をつけ、自己肯定感を向上させて心身を安定させてやりたい」と思う反面、授業力に自信が持ちきれないために安堵していたという広瀬氏。そんな自分を変容させ前進するために、先輩教師を訪ねて学ぶことを始めた。

まずは宮崎県に住むＴＯＳＳの先輩教師に指導方法を問うた。その教師は、自身も荒れた中学校で仕事をしており、荒れた中でも通用する指導法を丁寧に教えてくれたという。授業で用いているプリントや資料も分けてくれた。生徒の実態と荒れに屈しない教師の信念に触れ、元気がみなぎった。

さっそく学びを実行した。新たな方法に、初めは戸惑いを見せる生徒もいたが、授業の組み立てが安定した分だけ、生徒の理解度は増した。

だが、発展コースにも教師へのアドバルーンを上げる生徒は存在し、二学期に入るとその状態はさらにエスカレートした。指定された座席ではなく勝手に好きな場所に座る、授業中に立ち歩く、教室を抜け出す、教科書やノートに絵を描く、飴やガムを食べる、机に小説を隠して読む。おしゃべりがやまずに騒がしいかと思いきや、次の瞬間は無気力に静まり返ることもあった。

英語の授業以外でも、荒れは一気に加速した。特に家庭科の授業で顕著に現れた。ノートを取るように言う教師の指示に従わない。「クソばばあ」「死ね」「ウザい」などの暴言を吐く。教師が黒板に文字を書いている最中に紙飛行機や丸めた銀紙を投げつける。そんな行為が毎時間のように起きた。エスケープも毎回のようにあり、職員室で連絡を受けては捜索することが続いた。家庭科の授業に入って該当生徒を指導したこともあった。それでも徐々に歯止めがきかなくなり、該当生徒たちは他教科でもエスケープを繰り返すようになった。頭髪や服装も乱れ、不要物の持ち込みも増えた。授業中に教師の目の前でグミを開封し、見せつけるように食べていたこともあった。

自分の授業を立て直したい。そう思いつつも、平日は仕事を終えるのが遅く、サークルに参加できない日々が続いた。土日も部活指導がある。「中学教師の忙しさが実感としてわかった」と、広瀬氏は言った。

それでも、何かきっかけをつくって授業を点検しなければならないと感じ、一念発起して六月に英会話で授業技量検定を受けた。検定者はＴＯＳＳ英会話代表の井戸砂織先生。指示・発問が明確か、リズムとテンポは心地よいかを見てほしかった。結果、昇級。着実に力はついていることを自覚できたという。これが大事だ。成長の自覚が、自信となる。自信が信念を支える。

6　授業崩壊からの生還

現在、広瀬氏は苦労しながらも授業を成立させている。一年目に比べて授業に落ち着きがあり、学習に取組もうとする姿勢が学年全体に広がってきているとのことだ。この状態に至るまでに、広瀬氏は次のようなことをしてきた。

①　日常生活での関わりを広く、深く

生徒との人間関係を構築することの大切さを学んだ。そのため、日常のあらゆる場面を活かして生徒と関わり、話を聞き、自身が信頼される教師となるべく努めた。怒鳴らず、怒らず、淡々と接し続けた。

②　引いてはいけないところでは引かない

指示を徹底した。無駄な指示や混乱させる指示をしないために、検討を重ね、言葉を削り、百回言っても一字一句違わずに言えるようにした。

③　教えて、褒める

生徒が本当はやりたくないことをやっているのだと考えれば、自然とそのがんばりを称賛してあげたい気持ちになる。多くの生徒にとっては些細なことであっても、ある生徒にとっては本当に嫌だということもある。だから力強く認め、褒めた。

④　得意・不得意を見きわめ、活躍させる

生徒一人ひとりが「自分自身のことをどのように思っているか」を理解しようとした。その上で、得意な分野で活躍させて褒めたり、苦手に取り組んだことを認め励ましたりした。たとえば、生徒の中に発言することは苦手だがノートの文字がとても丁寧な女子生徒がいた。その生徒を机間巡視した際に個別に褒めたり、黒板に単語や英文を書いてもらい全員の前で褒めたりした。逆転現象（勉強の得意な子以上に、勉強の苦手な子が活躍すること）が起きることもあった。

⑤　わかる・できるという体験を連続させる

小さな成功体験を積み重ねていくことが重要だと学んだ。「授業を聞いていればわかる」「この先生の指導でできるようになった」という経験を積ませることができれば、自発的に学習に取り組むようになると聞き、納得した。たとえば、単語の小テストで、向山型漢字指導を応用して指書き・なぞり書き・写し書きの指導をして、満点を取らせた。

学び、実践し、反省し、また学ぶ。

広瀬氏はこれをひたすらに積み上げたのである。

7 最初からうまくいかないのは当たり前

ＴＯＳＳ学生卒の教師たちの学級や授業がうまくいっていないという報告が、広瀬氏の例のほかにも耳に入る。それは当然である。

現場経験が圧倒的に不足しているからである。

最初からなんでもかんでもうまくいく人間など、この世には存在しない。

そもそも、彼らの「うまくいかない」のレベルは、学生時代に模擬授業や集団統率の勉強をしなかった者たちとは比較にならないほど浅い。いかようにも取り返しのきく「失敗体験」なのである。

学生時代に真剣に勉強していなければ、広瀬氏の中学校のような現場では、あっという間に授業崩壊、学級崩壊となる。

理想と現実のギャップ。誰もが通る道だ。私も経験した。

そんな中でも学びを続けるか、多忙な日常に埋没するか。道は二つに分かれる。広瀬氏は前者を選び、負荷の高い修業に身を投じた。検定までには何十回と練習を積み、サークルに出て実力者の指導を受けたはずである。埼玉に住む私のもとにも、何度も何度も学びにきた。その努力が、彼の授業力を向上させた。努力の過程で彼は人間性をも高めた。

もし後者を選び、学校と自宅の往復運動だけで日々を送ったとしたら、今頃彼はうまくいかないことを生徒、家庭、地域のせいにして自己変革の努力をしない教師に成り下がっていたことだろう。

彼の本気の行動が現実を変えたのである。やはり悩むより一歩踏み出す方がいい。

第3章

実録　長谷川の模擬授業修業

1 五分、十分で完結する国語授業の作り方

国語の授業を五分、十分の模擬授業で行う場合、どのような組み立てにするか。
実際に私が行った模擬授業を二本紹介する。
二つとも教科書教材である。どちらの授業も子役の意見が分裂し、おもしろかった。

1 「黄鶴楼にて孟浩然の広陵に之くを送る」（李白）の授業

黄鶴楼にて孟浩然の広陵に之くを送る　李白

故人西のかた黄鶴楼を辞し
煙花三月揚州に下る
孤帆の遠影碧空に尽き
惟見る長江の天際に流るるを

事前に教材のプリントを配付しておく。

指示1　「黄鶴楼にて」（生徒の反応）

「読んだ人？」挙手で確認する。軽く誉めて、追い読みを続ける。

指示2　「黄鶴楼にて」（黄鶴楼にて）「孟浩然の」（孟浩然の）「広陵に之くを送る」（広陵に之くを送る）

指示3　「黄鶴楼にて孟浩然の広陵に之くを送る」（黄鶴楼にて……）

本文も同様に追い読みさせる。変化をもたせ（読む範囲を徐々に広げ）、早いテンポで巻き込んでいく。

（電子黒板に投影した作品の、題名以外は薄くなる）

発問1　「広陵に之く」のは誰ですか。（電子黒板の画面上に「孟浩然」が強調される）

発問2　孟浩然を送るのは誰ですか。（同様に「李白」が強調）

指示4　1行目に「故人」とあります。鉛筆で囲みなさい。

説明1　「故人」とは「昔からの友人」という意味です。

発問3　ここでは誰のことですか。

発問4　孟浩然は何で移動しているのですか。ノートに書きなさい。

子どもたちからはすぐに「舟」と出た。根拠となる「漢字二字」を囲ませる。

発問5　李白の目に、舟はまだ見えていますか。「見えている」「見えていない」で答えなさい。理由も書きなさい。

これが主発問である。二択にしているから、全員がどちらかを選び、書くことができる。

現場の実践では、四学級すべてにおいてほぼ半数ずつに分かれたので討論を組んだ。教師相手の模擬授業でも、人数は少ないが、「見えている」と答える人たちがいる。

理由を書けた生徒からノートを持って来させる。すべての意見に丸をつけ、褒める。

指示5　人数分布を確認します。「見えている」と考えた人。「見えていない」と考えた人。

挙手で確認し、人数を板書する。

指示6　人数の少ない「見えてい○」派から、書いた理由を発表しなさい。
説明2　孟浩然の舟が青空のかなたに消えるまで、ずっと見送り続けたのですね。
　李白の「贈孟浩然」を提示し、起句「吾愛孟夫子　風流天下聞」と結句「高山安可仰　徒此揖清芬」の現代語訳を読ませる。
発問6　二人はどんな関係でしたか。
　簡単に確認する。
指示7　最後に、情景をイメージしながらもう一度読みましょう。
　この流れであれば、五分で終了することができる。もちろん十分でも可能である。何を模擬授業の目的とするか、による。

2　「寝てゐても団扇の動く親心」の授業

　この句は教科書（教育出版中学一年）で「川柳」として紹介されている。
　教材をスクリーン（スマートボード）に提示する。
指示1　ノートに写しなさい。
確認1　「寝てゐても」の「ゐ」を正しく写していますか。
指示2　写し終えた人は、自分の読み方で、何回も読んでいなさい。
指示3　では読んでもらいます。
　一人ずつ読ませる。

発問1　寝ているのは誰ですか。

出される答えは大きく三つに分裂する。「子ども」「親」「親子」である。

全員に書かせた上で進む。

指示4　人数分布を挙手で確認します。「子ども」だ。「親」だ。「親子」だ。

指示5　「私は○○だと考える。なぜなら」と、理由を書きなさい。

指示6　書けた人は持っていらっしゃい。

すべての意見に丸をつける。これで発言の意欲が高まる。

指示7　書いたことを、同じテーブルで交流し合ってごらんなさい。

この時はいきなり全体での発表とせず、小グループの討論を間に挟んだ。

指示8　では、全員で検討を行います。自信のない人から発表しましょう。

実際の授業の様子を紹介する。

「私は子どもにしました。なぜなら、文章の内容から、子どもが病気で、親が扇子で、えーと、団扇であおいであげるってのをイメージしたからです」

「はい、親子だと考えました。なぜなら、親も一緒に横になりながら、子どもに団扇であおいでいると考えたからです」

「はい。親だと思いました。子どもが仮に寝ていても、暑いのなら、あおぐのは普通で、愛情の深さをより出すためには、自分が疲れ切って寝ていても、なおあおいでいるというのをイメージしたんじゃないかなと思いました」

「はい。私は子どもだと思いました。なぜかというと、ぐっすり寝ている子どもを、暑がってるかもしれないと思って、夏の夜に、親があおいであげる、そのような情景が浮かんできたからです」

ここで私は指導を入れている。

「すごいなって思った意見とか、自分とは全然違うなという意見などは、ノートにメモしなさい。後で質問や反論ができますからね」

全体で文章を検討する際、他人の意見をメモすることはきわめて重要である。

「はい。親が寝ていると考えます。子どもに添い寝をしていて、親が先に寝てしまい、子どもがいなくなっても、勝手に団扇が動いている様子を想像したので、そこがおもしろいと思いました」

「はい。子どもだと考えます。子どもが暑い中、なかなか寝苦しいので、親ががんばってあおいであげてる。第一、親が寝てしまうと、この川柳は書けないと思いました」

この人は、親が話者だと考えていることがわかる。時間があれば確認したいところだ。

「はい。親だと思います。子を思っているからこそ、寝ていても、自然と団扇が動いている。親心を表している川柳だと思ったからです」

「はい。寝ていてもの『も』に注目しました。親心が現れているのは、寝ていても起きていてもなので、親だと思いました」

発言が止まった段階で、通常の、生徒相手の授業であれば質問や反論を出させる。指名なし討論を仕組むわけである。

しかし、この模擬授業で許された時間は十分間であった。

そこで、次のように進めた。

指示9　再度人数分布を確認します。「子ども」だという人、「親」、「親子」。

次の発問2と3は、私の模擬授業に対して向山洋一氏が介入した際の発問である。「あれども見えず」を明らかにし、子どもたちの思考を収束させていく発問となっている。

発問2　そもそもこの川柳で、全体のテーマは何ですか。

指示10　一言で書きなさい。

　実際の授業の様子を紹介する。

「先生、何と書きましたか」

「親の愛」

「親の愛情です」

「親の愛です」

「それはどの言葉からわかりますか」

「『親心』です」

「『親心』という言葉です」

発問3　「親心」ですね。話者は何をもって『親心』と言っているのですか。

指示11　自分の考えを書きなさい。

指示12　途中でもかまいませんし、書いていないことでもかまいません。言ってごらんなさい。

「はい、寝ていても団扇が動いているところです」

「寝ていても起きていても、涼しくしてあげようね、というところです」

「寝ていても、子どもが動けば団扇も勝手に動く。無意識に動く」

「寝ていても、子どもに団扇をあおぐ、といったところです」

「親が寝ているということがわかる根拠として、今『寝てゐても』の『も』が出ましたね。あと一カ所ありま
す。親が寝ているということがわかる根拠が、あと一カ所あります」

「はい。隣同士話し合ってごらんなさい」

「どの言葉ですか。指名しませんから言ってごらんなさい」

「はい。『動く』に注目しました。起きていれば『あおぐ』だと思います」

「そういうふうに考えた方、いますか（挙手で確認する）。親が起きていれば、『団扇の動く』ではなく、『団扇であおぐ』となるはずだ。しかし、この川柳では『動く』となっている。親が意図的に扇いでいるわけではない、ということです。この言葉から、親が寝ていることが読み取れますね。授業を終わります」

一三〇名ほどいた子役（セミナー参加者）から歓声が沸いたところで、ちょうど十分となった。

3　短時間で行う模擬授業のポイント

長文の説明的文章や小説は、短時間の模擬授業には向かない。

必然的に、詩歌や漢字文化、文法などが教材候補となる。

教えるべきことをすべて教えようとしても、駄目だ。

その教材で扱いたいことをすべて扱っていたら、あっという間にタイムアウトになる。


五分、十分で完結するように、教材の核心部を取り上げ、授業化する。


それが、ポイントである。

では、教材の核心部を取り上げ、授業化するにはどのような手順を踏めばよいか。

私は向山氏から教えられた、次のステップで授業を作っている。

1　音読、黙読を組み合わせ、教材を何度も読み込む。
2　教材のすべての言葉を辞書で引く。
3　見開きで百の発問を作る。
4　主発問を確定する。
5　そこに至る伏線（発問、指示の組み合わせと順番）を確定する。
6　授業開始から終了までに発する言葉のすべてを、授業で言うそのままの形でノートに書き出す。

一連の作業を何十回と体験すると、教材分析力や授業の構築力が向上する。一目でその教材の核心部をつかめるようになる。

2を行う際、一般的な辞書だけでは足りない。『広辞苑』や『大辞林』でも足りない。国語の授業を作る際に必ず当たるべき辞書がある。『基礎日本語辞典』（角川書店）である。詳細は書かない。手に取ればわかるからである。この辞書を用いた教材研究が、奥行きのある授業を保障する。

4が難しい。良い発問か否かの判定基準が要るからである。

私は次の三点を基準にしている。

①　子どもに、文章の検討を促す発問であること。
②　子どもの、「あれども見えず」を問う発問であること。
③　子どもたちの答え（意見）が分かれる発問であること。

③では、特に、真っ二つに分裂するのがいい。言葉の検討、すなわち討論が活性化すること必至である。

若手に大事にしてほしいのが6である。模擬授業だけでなく、日々現場で行う授業に臨む際にもこの作業を通過することが、子どもにとって「わかる、できる」授業を展開する上で不可欠である。

最後に、短時間で授業をしようとすると、普段の授業以上に、発問・指示を厳選する必要が生じる。説明する言葉、対応する言葉、その一つひとつを、緊張感の中で極限まで削っていくことも求められる。拡散させるべき場面と収束させるべき場面の使い分けもまた、厳しく問われることになる。一問一答で終わっては、おもしろみがない。拡散したまま曖昧に終わるのも、後味が悪い。双方をバランスよくミックスするといい。

それらすべて、修業である。その努力が、実力向上につながる。

仲間が二人いれば模擬授業はできる。職場で、あるいは友人と、ぜひ始めてほしい。

2 検定授業の記録と指導案
日本人の国際貢献　TOSSインターナショナル事業の提案

1　日本への支援

東日本大震災。世界各国から、日本への支援が寄せられました。
世界、約一九十カ国中、支援を寄せてくれた国は、何カ国あると思いますか。
予想をノートに書きなさい。
予想でいいです。はい。（え〜、八十カ国）
八十。八十より多いと言う人。少ない。
見てみます。一六三。
赤く塗った国々は、すべて日本を支援してくれたんです。
中には、自分の国が大変な状況であるのに、支援をしてくれた国もあります。
なぜ、これほどたくさんの国が、日本を支援してくれたのだと思いますか。
ご近所さんと話し合ってみてください。
はい。聞いてみます。
（日本がこれまで支援してきたから）
（今までの日本の支援への恩返しのため）
彼らの声を聞いてみます。いくつかあるんですが、そのうち二つを持ってきまし

支援国 163 ケ国

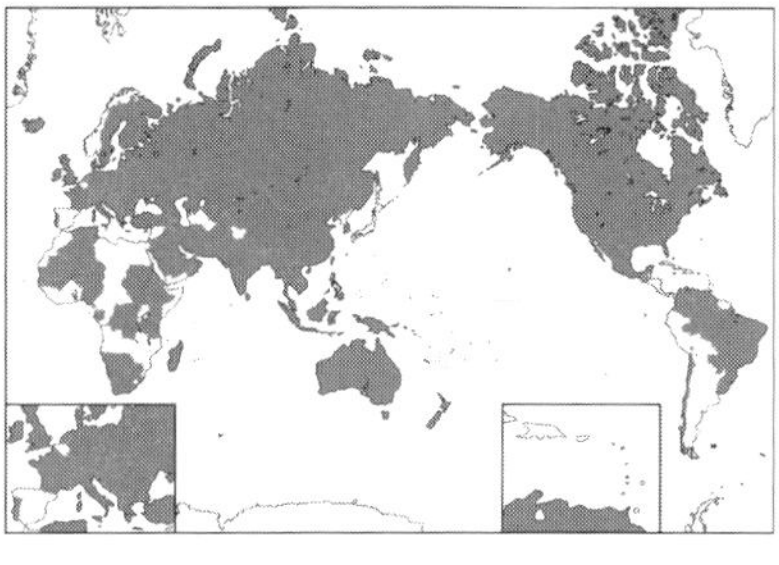

たので見てください。どうぞ。（クリップ映像二本　他国の要人がインタビューに答える）

「日本への恩返し」だと言っています。

先ほど言ってくれました、
日本が今までしてきたこと。たとえば、どんなことをしてきましたか。

またお隣さんと話し合ってみてください。

日本は彼らにどんなことをしてきたのでしょうか。

はい、ありがとうございます。聞いてみます。

（お金を送りました）お金を送った。

（災害の救助に行った）はい、見てみましょうね。

たとえば、被災地に、救助に行きましたね。

はい、紛争地では安全確保のために、あるいはライフライン確保のために動きました。そして、途上国にはお金の援助をしました。

これらのことを日本は、ずっと長い間続けてきたんです。

このことについて、どう思いますか。

（日本は、すごくがんばっている）

これはですね、国単位の問題だけではありません。

個人や、民間団体も、さまざまな形での支援を続けてきたのです。

結果として、日本は、世界からきわめて高い評価を得ています。

世界によい影響を与えている国のランキング。

災害救援

国連（パン・ギムン文事務総長）
「日本は世界中の困っている人を援助してきた最も偉大で強力な援助国の一つだ。今回は国連が日本国民を支援し、できることは何でもすべてやるつもりだ」

アフガニスタン（カルザイ大統領）
「日本はこれまでアフガニスタンを支援してきてくれた。その日本が今、困難な状況にある。アフガニスタンとしてできるだけのことをしたいと考えている」

スーダン（バシール大統領）
「この機会に、過去数十年にわたりスーダンに支援を実施してきた日本政府の重要な役割に感謝したい」

日本は二〇〇五年、何位だと思いますか。

（十位）十位、見てみますね。

ナンバー1です。

二〇〇六年は。（一位）見てみます。一位なんです。

その後は、上がり下がりはありますが、常に上位をキープしているのです。

私たちの先輩の努力が、今回の世界からの支援につながったと言えるでしょう。

2 ユーグレナ

現在進行形で、世界のためにがんばっている人たちもいるんですよ。

たくさん例はあるのですが、今日はそのうちの一つだけ紹介しますね。

みなさんのテーブルの上に封筒があります。その封筒から中身を出してみてください。

これ何ですか。（クッキー）クッキーです。

食べてみてください。あの、怪しいなと思う人はちょっとでもいい。

たくさん食べてくれた人、感想を。（おいしいです）

おいしい？　これ。おいしいと思う人？

これね、普通のクッキーには入っていない、あるものが入っているんです。

何だと思う？　T君、全部ほおばってくれましたね、何が入っていると思う？

（薬とか……）

薬。薬じゃなくてね、生き物が入っています。（え～っ！）

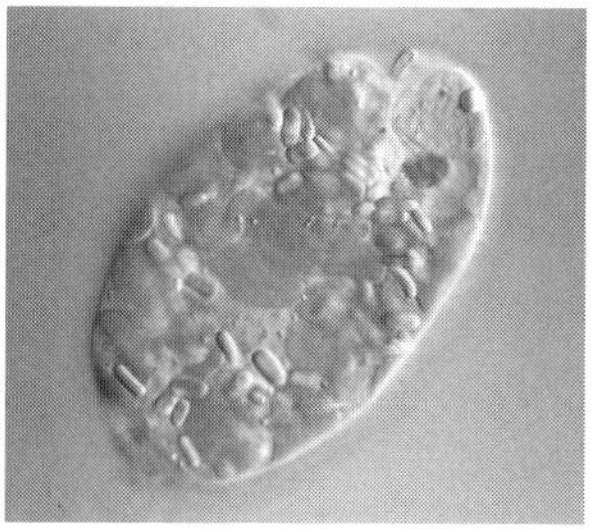

ユーグレナ（ミドリムシ）

世界に良い影響を与えている国ランキング

2005年	……1位
2006年	……1位
2007年	……1位
2008年	……2位
2009年	……4位
2010年	……2位

（BBCによる調査）

はい。これね、ミドリムシが入っている。（え〜っ！）ごめんね。
ユーグレナと言います。言います。はい。（ユーグレナ）
ユーグレナはね、たくさんの量を、簡単に培養できるんです。
そして、きわめて栄養価が高いんです。
だから、加工して食料にすると、飢餓に苦しんでいる国々の支援ができます。
ユーグレナのすごさは、それだけじゃないんです。
あの緑色の部分を使って、何かをするんです。
何をしますか？（光合成だと思います）
そう考えた人？（ほぼ全員が挙手）
そのとおり。二酸化炭素を吸って、酸素を出すんですね。
どのくらい二酸化炭素を吸うのか、スギと比較しました。
スギは年間で、一ヘクタール当たり、十二トンのCO_2を吸収します。
では、ユーグレナは何トン吸収すると思いますか。ノートに書きなさい。
聞いてみます。はい。（二十トンくらい）
二十トンより多いと思う人？（挙手）少ない？（挙手）
見てみましょう。三百三十トンです。（え〜っ！）スギの約三十倍です。
ユーグレナの力は、まだ終わらないんです。
ヒントを出します。（クリップ映像一本　ラジコンヘリが飛ぶ）
ユーグレナを加工して、あるものにするんです。
はい。（燃料）

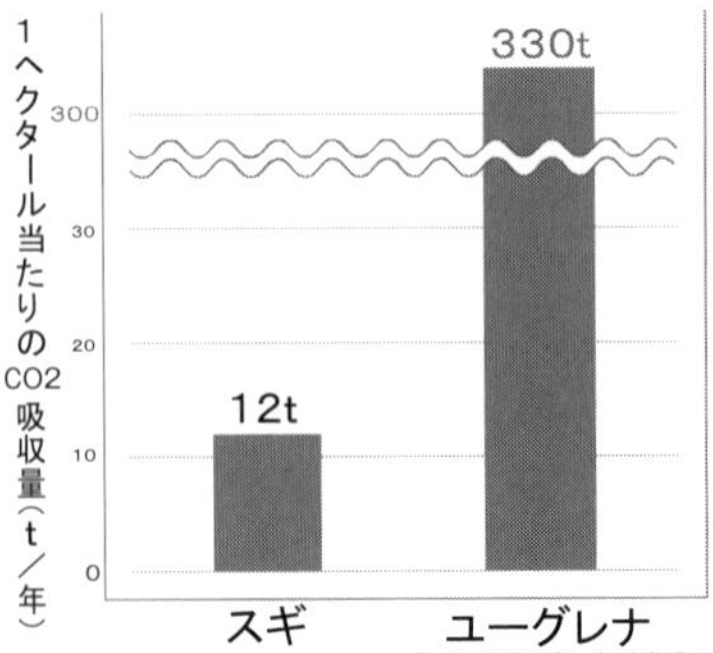

『ユーグレナのCO2吸収』量(ユーグレナ社実験結果より)

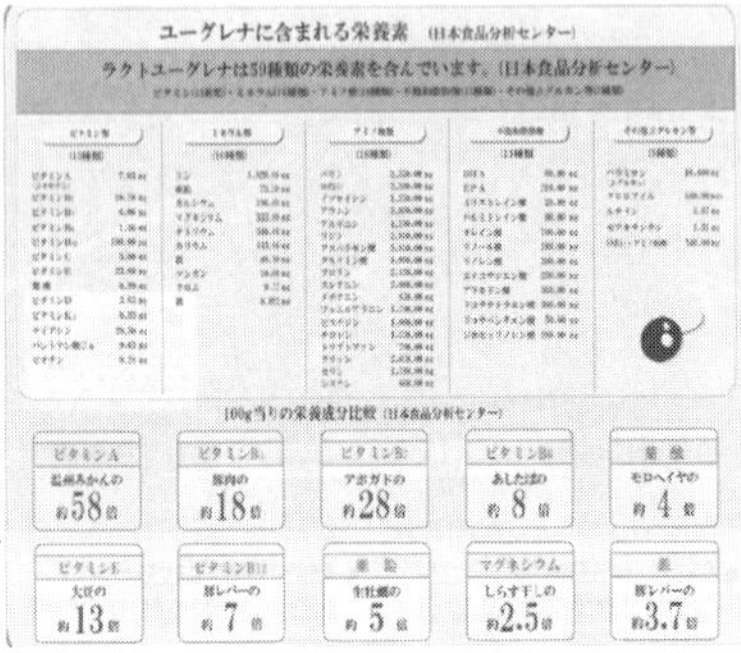

そう考えた人？

みなさんで、はい。（バイオ燃料）

従来のバイオ燃料というと、トウモロコシとか、サトウキビを思い浮かべますよね。

でも、これはほとんど食糧です。

ですから、食料に困っている国からの批判が多かったんです。

でも、ユーグレナはどうか。ユーグレナを食べますか？（全員首を振る）

もともと食料ではないので、その点の問題も解決しているんです。

このユーグレナの燃料で、今はラジコンヘリでしたが、どんなものを動かせたらすごいと思いますか。

（飛行機）はい。

（車）車ね。

二〇一八年には、航空機の燃料として使われることが決定しているのです。

地球上の大きな問題それぞれにアタックしていく。

ユーグレナのこの力、どう思う？（ちっちゃいのにえらいなと思いました）（会場笑）

えらいなと思いますね。

今、東京大学の中で、最先端の研究がされている。

日本人の研究が、世界を救うかもしれないんですね。

3　日本人の国際貢献

このＴＯＳＳとして、これから国際貢献、世界の国々への支援をしていくとした

2018年実用化

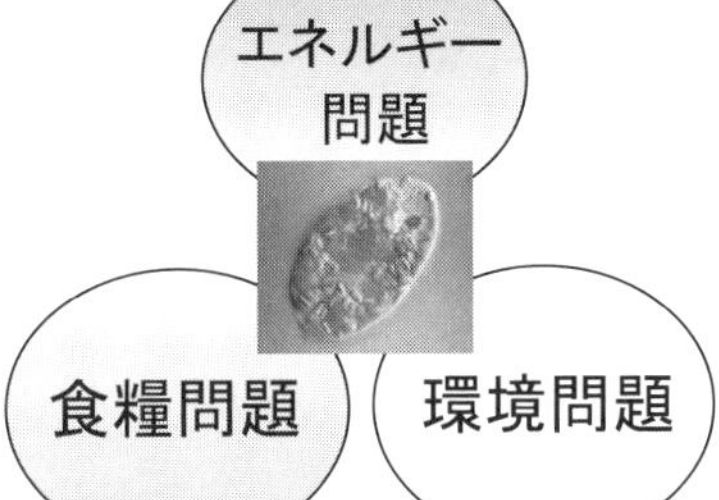

ら、どんな取り組みがありますか。アイディアをノートに書いてみてください。

日ごろ考えている人たちはね、けっこう書けると思いますが、いきなり聞かれても困りますね。

Tさん速い。たとえば？（TOSSの教育技術を世界に広める）

言いたい人？　はい。

私の考えです。まずこれを見てください。

（グーグルアース上に発生数と規模を表す円を表示する）

これは世界で、過去百年に起きた地震のマップなんです。

（ズームアップする）

日本が見えますか？（見えません）

列島が隠れて見えないくらい地震が起きているんです、日本ではね。

アジア。インド。

ヨーロッパやアフリカ、地震が発生していますか。（いません）

地震がないですね。

そして、アメリカ大陸。環太平洋やアジアには、地震国が集まっているんですよ。

こういった国々では、津波の存在すら知らずに対策を立てられなくて、死んでいく人がいるんです。

そういった国々のために、これを作りました。

（英語版テキストを提示する）

防災減災テキストの英語バージョンです。中身を見てみます。

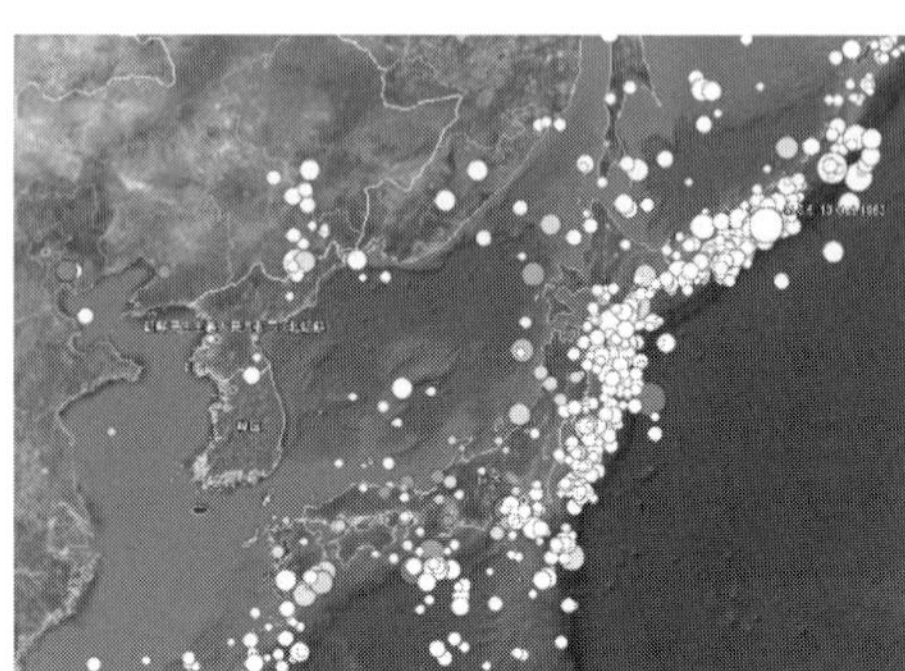

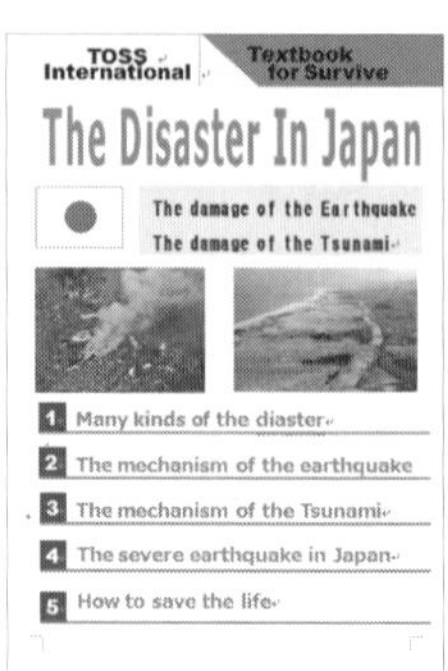

大人から子どもまで学べるように、中身を工夫しています。（次々と提示する）

でもね、これを配るだけではつまらないんですよ。

これを、現地の人が、現地の人に教えるシステムをつくりたい。

日本人が行ったりなんだりするのではなくて。

ですから、教え方のテキストも一緒に作ってあります。このテキストをどのように使うと効果があるのか。

つまりこれは、現地へのサポートということです。

でもこれだけでは終わらない。

これです。見たことあるでしょう。

これ何ですか？（ＴＯＳＳの震災復興テキストです）

その復興テキストの英語版を作りました。

日本の復興の事実が、海外にいる人たちの勇気、になっていくのです。

これは、しかし、神戸のバージョンなんですよ。

東日本のバージョンがほしいではないですか。

作るのは誰ですか。（私たちです）

我々東日本の教師なんですね。ＴＯＳＳは、教育で、世界を救っていくのです。

私たち、今を生きる日本人の世界への貢献や支援が、将来、私たちへの子孫への次なる支援に結びついていくと、私は信じています。授業を終わります。

（二〇一一年八月十四日　授業技量検定巡回セミナー青森）

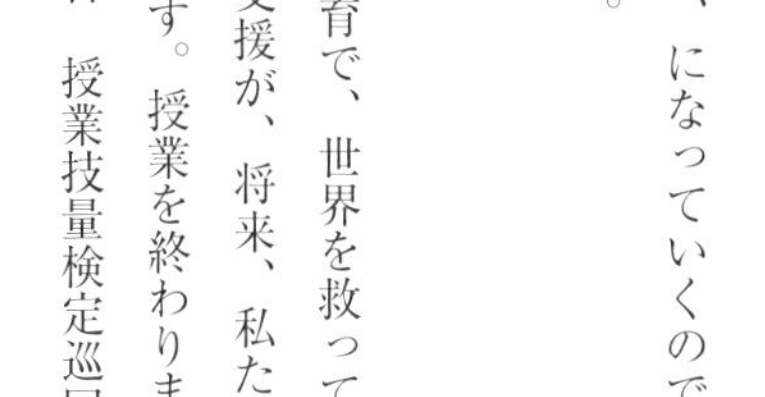

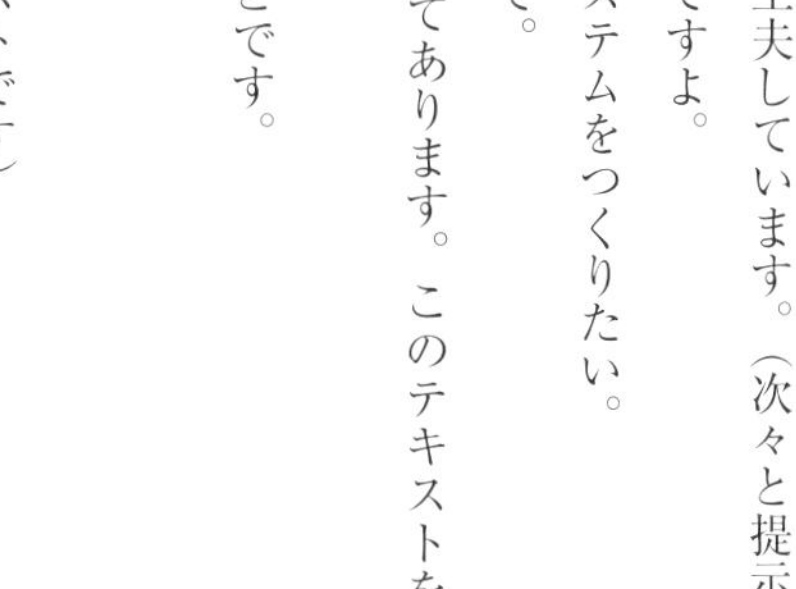

3 検定授業の記録と指導案 海洋国家日本

1 我が国の海

海洋国家、日本。
たくさんの島々で成り立っています。
小学校五年生の復習しますよ。
日本の領土の最北端、最東端、最西端、最南端を答えてもらいます。
最北端はどこですか。みなさんで、さんはい。（択捉島）
中学生に聞いたら、稚内と言いました。（笑）日本最北端と書いてありますからね。
最南端はどこですか。（沖ノ鳥島）
では、最東端は。わかる人、正直に手挙げて。周りを見て。挙手した人、周りの人に教えてあげなさい。南鳥島、はい。（南鳥島）
最西端は。（西鳥島）西鳥島ね。かしこいな。素直な人は、そう答えますからね。
はい。（与那国島）与那国島と考えた人。正解です。与那国島です。
これは、覚えてくださいね。
さて、日本列島の周り、赤いラインで囲まれた海域を何と言うでしょう。
ヒントはもう書いてあるな。みなさんで、はい（排他的経済水域）
英語で訳すと○○○って言うんだけど、知ってる？

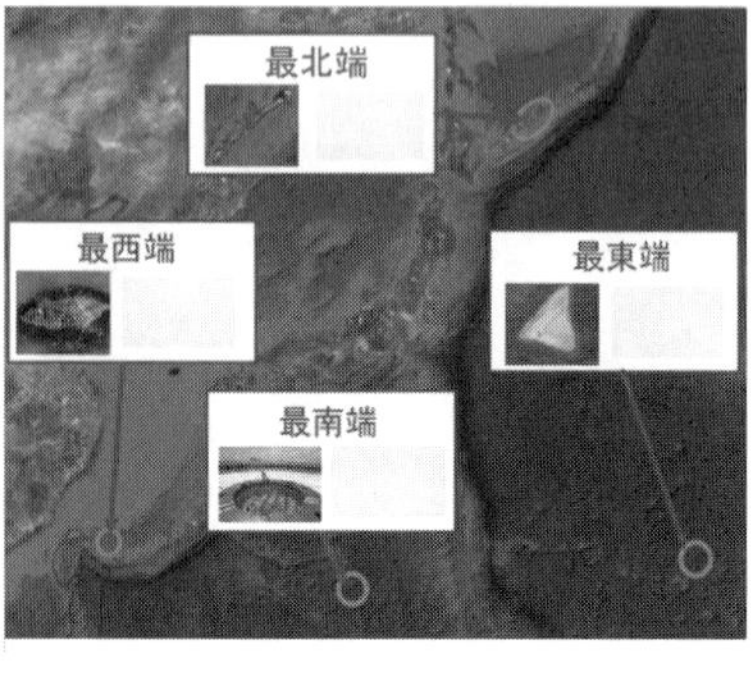

排他的経済水域

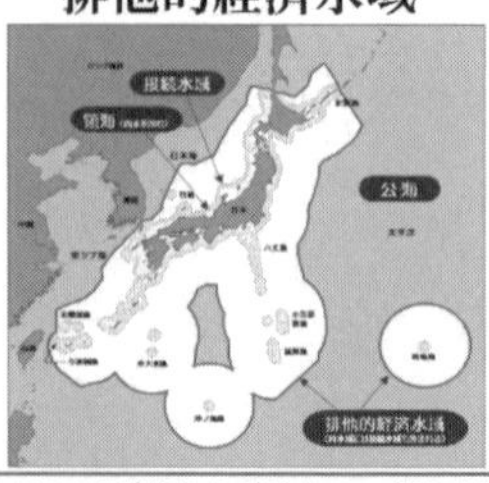

沿岸から200海里の範囲で、他国を排して
経済的な権益を認められた海域。

排他的経済水域。アルファベット三文字だよな？　言える人？　え、少ない！

今、手を挙げた人、周りに教えるよ。周りに聞こえる声で、さんはい。（ＥＥＺ）

ＥＥＺと言うんですね。覚えておいてね。

排他的経済水域というのは、沿岸から二百海里の範囲以内で、他国を排して、資源の採掘ができたり、魚を捕ったりすることのできる海域のことです。

では、日本が持っているこのＥＥＺ、世界何位の大きさだと思いますか。

予想して、ノートに書きなさい。

ちなみに、日本の国土の広さは世界何位でしたか。（四十位か五十位くらいです）

はい。正確にわかる人いますか。（六十一位です）

六十一位です。日本の国土は六十一番目です。

では、ＥＥＺは何番目ですか。テーブルで言い合ってごらんなさい。

はい、先生。（二十位）二十位ね。

二十位よりも順位が下だと思う人。上だと思う人。圧倒的に多いですね。

聞いてみましょうか、はい。（六位）第六位だと思った人？　正解です。

（おーっ！）

ただし、です。イギリスやフランス、ロシアはＥＥＺを主張していませんから、そうした国々が入れば、もっと下がります。九位になると言われています。

2　海の重要性「海洋資源」

さて、その世界で第六位の広さをもった我が国日本。

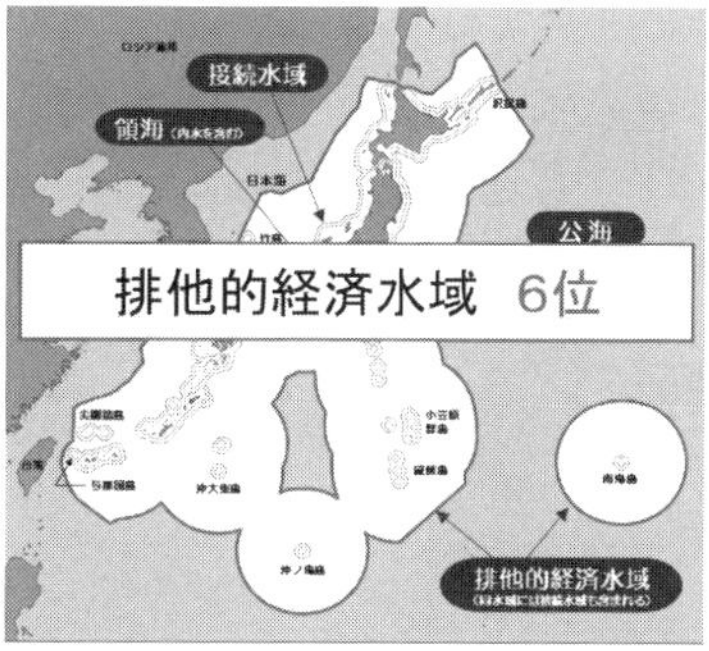

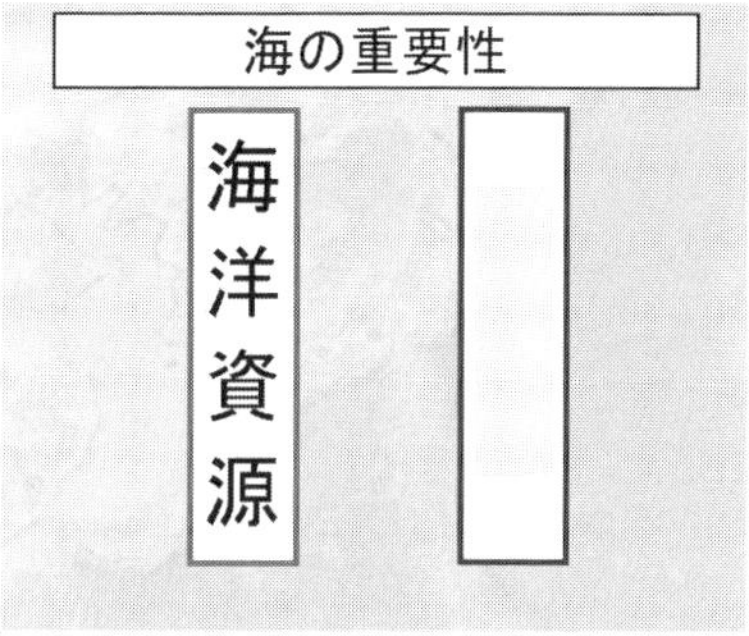

海には重要性が二つあります。

一つ目、海洋資源。

これは何だかわかりますか。海底から、氷のつららが立っています。これが何という物質か、はい周りと話して。

はい。（メタンハイドレート）

なんで知っているの？ そう。メタンハイドレートと言います。

みなさんで、はい（メタンハイドレート）

メタンガスは、天然ガスの主成分なんです。それが海底の水圧や冷温の影響、氷に囲われています。だから、火をつけると燃える。「燃える氷」と呼ばれています。

これが日本の近海に、日本で使う量の百年分あることが確認されています。

では次。これは何だ。子どもたちは「魔法の粉」と言いましたけれども、確かに魔法の粉なんです。その物質名をまた、お隣近所で話して。

では聞いてみます。（硫黄だと思います）硫黄ね。硫黄も入るかもしれませんね。

はい。（わからないです）いいんです。わからないから授業を受ける。

（レアメタル）惜しい。前半、合っている。

みなさんで、さんはい（レアアース）

レアアースなんです。「レアアースを制する者は二十一世紀を制する」と言われるくらい、最先端の技術には欠かせない物質です。このレアアース、今まではある一国が輸出のほとんどを占めていました。どこですか？ みなさんで、はい（中国）

その通り。中国なんですよ。

日本の天然ガス消費量100年分

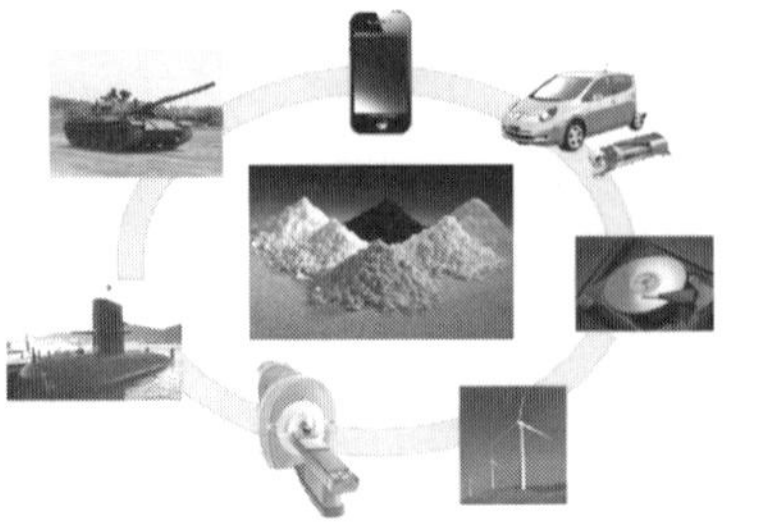
レアアースを制するものは21世紀を制する

中国以外にもアメリカにもロシアにも、レアアースは眠っているんです。

ではなぜ、中国だけ、こんなに輸出ができるのだと思いますか？

予想して、それを周りに話してください。

はい、聞いてみましょう。（えっと、純度が高いから）

中国のね。純度が高い。いい意見なんだけどな。九十点です。

先生。（えっと、安全面を無視して取っているから）

そう考えた人いますか？　これが、正解なんです。（えーっ！）

レアアースを地下から取ると、放射性物質が山ほど飛び散ります。ですから、人体にものすごい害が及びます。だから、アメリカでは禁止しているんです。

中国はどんどんやります。ということが、この輸出データの裏にはあります。

さて、このレアアース。昨年度、我が日本の、東京大学の研究チームによって、太平洋に眠っていることが発見されました。

さて、中国には五千五百万トンあると言われているレアアース。太平洋には何万トンくらいあると思いますか？　予想をノートに書きなさい。思いつきでいいからね。

聞いてみますよ。はい（九千万トン）

九千万。九千万より少ないという人、挙手。多いという人。

そうか。見てみましょう。（お～っつ!!）

百億トンですね。（えーっ!!）これが確認されています。

しかも、その一部がここにあります。みなさんで、さんはい。（南鳥島）

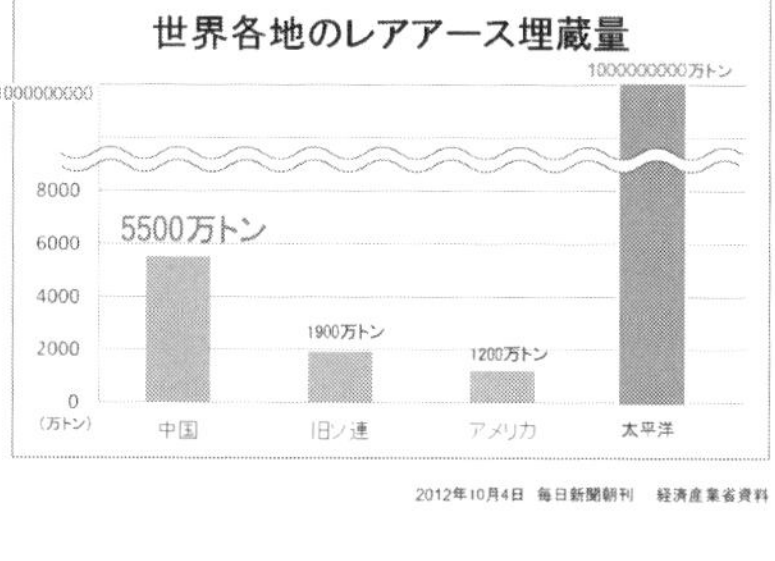

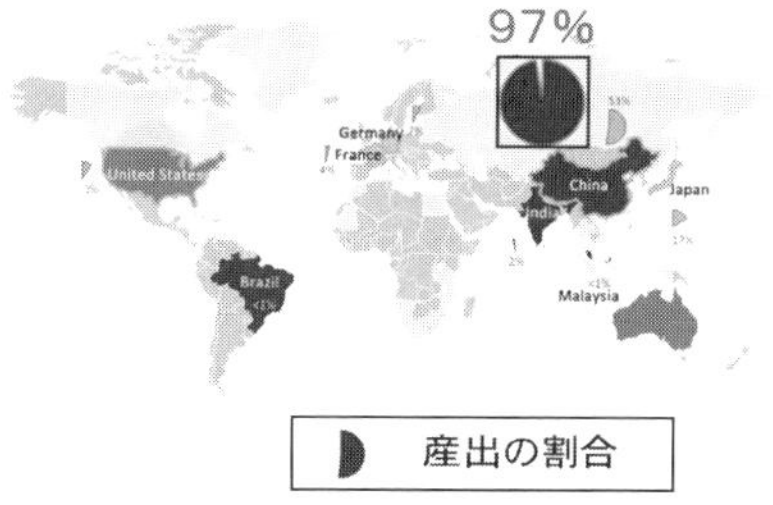

南鳥島近海の海底に眠っている。量はどのくらいあると思いますか。日本が使う何年分か。予想して隣と話します。

はい、聞いてみます。大学一年生。（五十年分）五十年分あったら、助かるよね。ほとんど今、輸入しているわけですからね。しかも、輸入が制限されてしまいましたよね。ある事件によって。

五十年分あるといいな。もっとあると思う人。見てみましょう。

二百三十年分あると言われています。

これを東大のチームが一所懸命研究しています。

これらの資源だけではありません。日本は、海水から金を取る技術を確立しています。ウランを取る技術も確立しています。だから、輸入する必要はないんです。

日本はずっと「資源小国」と言われてきました。でも、海の恵みを最先端の技術で活用することで、資源大国に変わることができるのです。

3　海の重要性「国防」

海の大事さの二つ目。国防、はい。（国防）

奈良時代、対馬や九州地方に、こういう人が、国境警備として置かれました。これ、読めるかな。復習だよ。はい。（防人《さきもり》）いいねぇ。賢いな。防人と言いますね。

元寇の際も、秀吉の朝鮮出兵の際も、敵が上陸しないように、国境を警備する人が置かれたんです。

日本は昔から、自力で、国土を守ろうとしていたんですね。

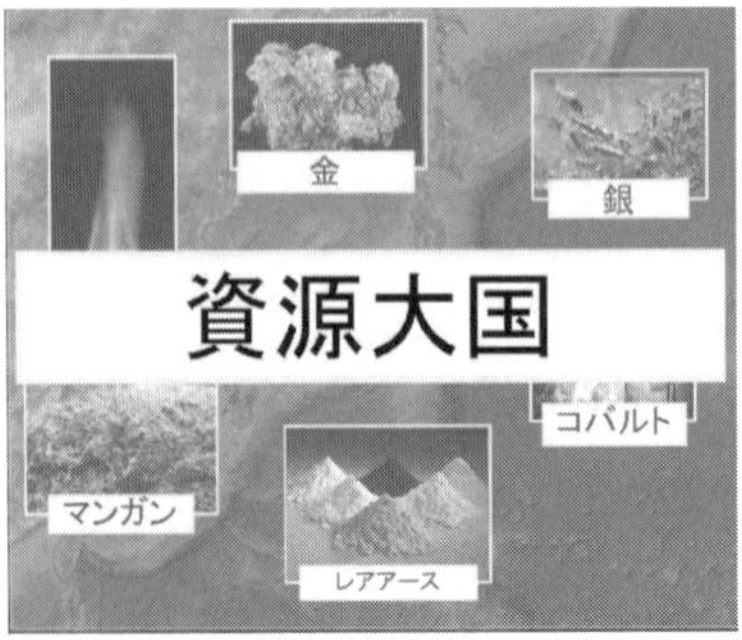

時代は下り江戸時代。林子平という人がある本を書きます。

『海国兵談』、はい。（海国兵談）

九州地方だけじゃなく、ロシアが北から来るとか、アメリカが大平洋から来るとか、そういうことをすべて意識して、海を渡ってくる敵から国を守らなければいけない、という本です。

さて、この本をどんな人が読んだと思いますか。また周りと話してみて。

どんな人が読んだのか。指名しませんから、立って言ってみて。

（港町の人だと思います）今の「ああっ」という反応いいね、発言した人は嬉しいんだよね。「ああっ」と驚きの声をあげた人。ノートに「A」とつけなさい。

あと三人。（商人だと思います）商人ね。船を使いますからね。

（将軍だと思います）将軍も読んだかもしれないな。

（はい、天皇です）天皇も読んだかもしれないと考えたんだな、よし。

この本、実は、発売されませんでした。

内容があまりに過激すぎるから、幕府が発禁処分にしたのです。

そこで、林子平はそれを、今の彫刻みたいに、五年間かけて版木に彫り、保管しておいたんです。

それが、こういった人たちに読まれます。

一人でも知っている人がいた人。いいですね。

こういった人たちが、これを読む。

そして、たとえばお台場に砲台。神戸には海軍操練所。長崎には海軍伝習所。こ

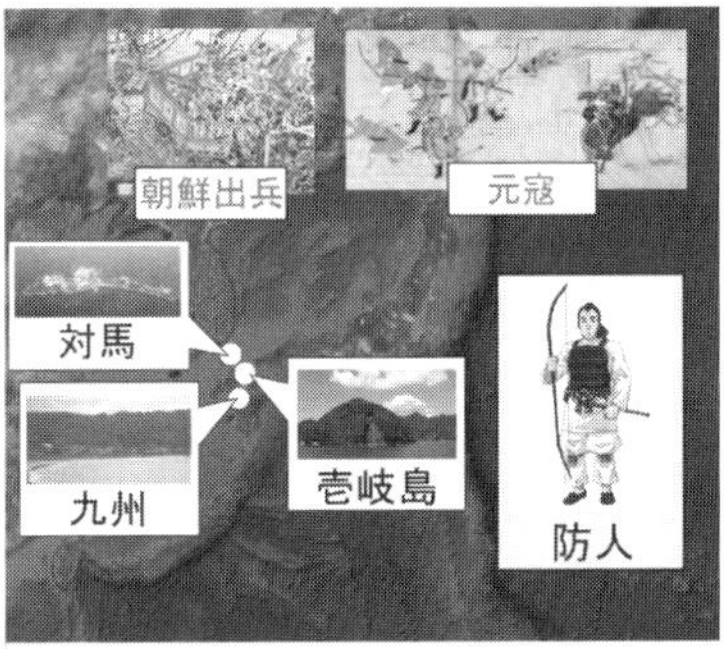

ういった国防のための施設を次から次へと作っていったんです。

4　狙われる我が国の海

この事件覚えているかな。中国船の衝突事件ですね。

ちょうどこの時期に、お隣の韓国で、同じような事件が起きたんです。

中国が韓国の領海侵犯をしたんです。同じように船をぶつけたんです。

韓国と日本の対応を比べてみるからね。

両方とも船長を逮捕はしたんです。

日本は、罰金を取りませんでした。韓国は罰金をとったと思いますか。取らなかったと思いますか。取らなかった。取ったという人。

はい、取りました。百五十万円、一人あたりで取りましたね。

次。日本は船長を釈放してしまったんですよね。韓国はどうしたと思いますか。釈放した。しない。もちろんこの流れですからしない、となりますね。（笑）

懲役二十三年です。刑務所に入れたんです。

日本の対応に各国はこのような反応をしました。

私が国名を言うので、みんなは赤字を読んでね。

インドネシア。（「もう日本には頼れない」）

韓国。（「弱腰の民主党政権のうちに独島の解放を」）

台湾。（「やはり、頼りにならない日本。日本とは手を切った方がいい」）

シンガポール。（「日本のような弱腰外交だと国ごとなくなる」）

どう思います？（完全に馬鹿にされていると思います）

学生さん、どう思いますか。（悔しいです）

各国の新聞記事なのです。これが。

日本はこう言いました。「今後を考慮して」このようにしました、と。

では日本の配慮、心遣いが、向こうに通じたかな。

データで見てみます。

日本の領海内に侵入した、中国船の数。配慮が通じて、向こうが減らしてくれたと思う人。減っていないと思う人。

減っているんです。嘘です。バーンと激増です。（うわあっ！）

配慮は伝わりましたか。（伝わっていないです）

中国には明確な戦略があります。

まずね、二〇一〇年までに、この黄色いラインの内側の制海権を確保する。つまり海を支配するというものです。

このラインを第一次列島線と言います。はい。（第一次列島線）

南沙諸島。中国は実際に、島々を軍事力によって実効支配しています。

さあ、尖閣はこのラインに入ると思いますか。入っていないと思う人。入っている。

入って、います。

二〇一〇年までに支配するという宣言の、その二〇一〇年に、この事故は起きているのです。

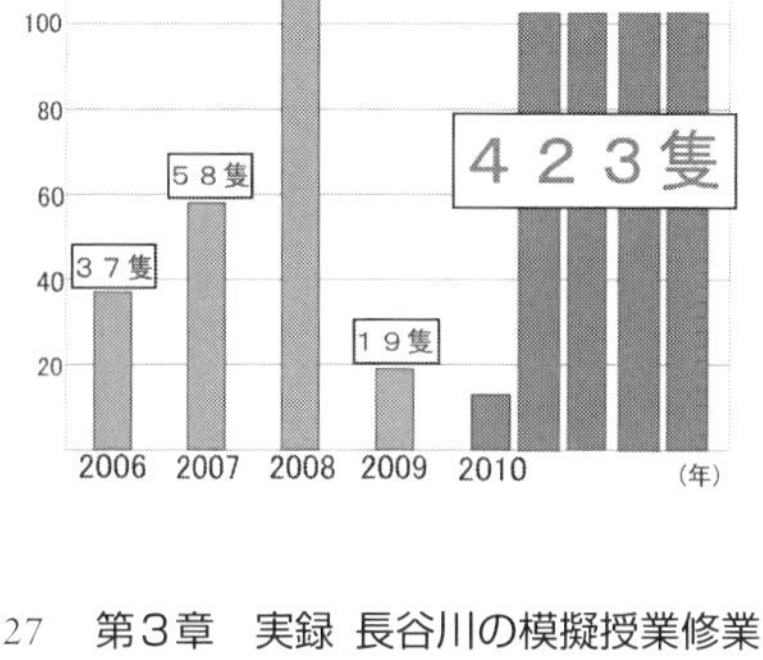

中国漁船衝突事件
船長釈放後　各国の反応

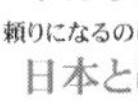

台湾
「やはり頼りにならない日本。
頼りになるのは、アメリカと中国。
日本とは手を切るべし」
と、馬総統に近い新聞の記事。

シンガポール
「日本のような弱腰外交だと国ごとなくなる」
とのテレビ番組が放映された。

中国の目標、第一列島線。第一があれば何がある。（第二）
はい。第二列島線を引いてみます。ここまでの海を支配する。
そして最終的にはこれです。太平洋をアメリカと二分する。
中国はこの戦略に沿って動いています。日本人には知らない人も多いです。

5　海を守る人々

今回は中国を取り上げましたが、それ以外にも日本の海を、国土を狙っている国々があります。

狙われたこの海。誰が守っているのでしょうか。

近所で話し合ってみてください。

いかがですか。（海上保安庁）見てみましょう。

海上保安庁、ありました！　赤い字、みなさんで、はい。（海の警察、消防である）

今この時も、彼らは海を守ってくれています。

他にもありますね。（米軍）そう思った人。それも確かにありますね。

日本人による守りが、他にもありますね。（海上自衛隊）そう思った人。

見てみましょう。海上自衛隊もまた、国土を防衛するために、今この時も働いてくれています。

日本人による守りが、他にもあるとしたら。知恵を出し合って、近所で。

指名しませんから、自信のない人からどうぞ。

（漁船とか、商船とか、日本の船が守っていると思います）いい意見だよ。

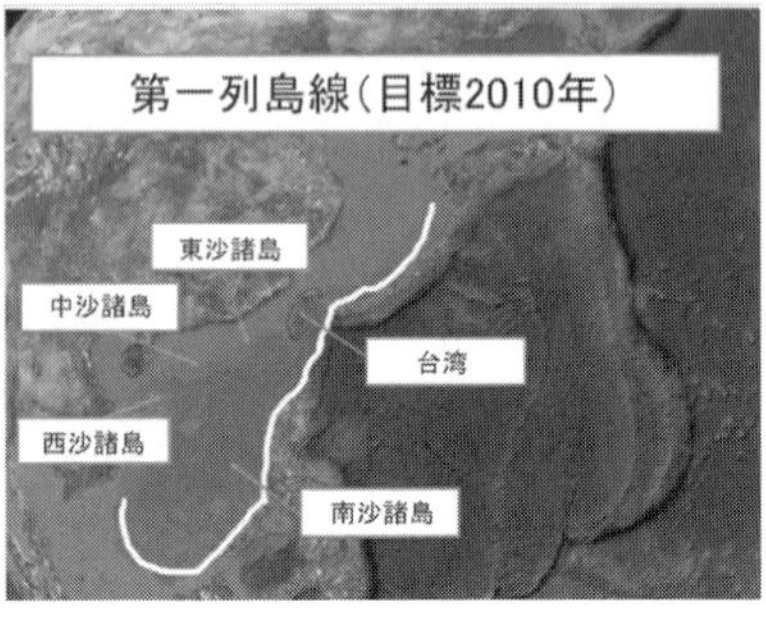
第一列島線（目標2010年）
東沙諸島
中沙諸島
台湾
西沙諸島
南沙諸島

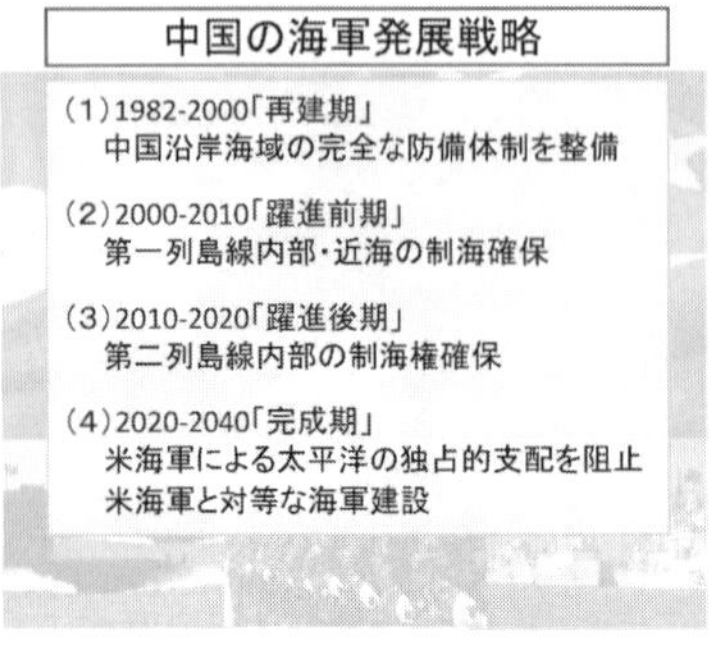
中国の海軍発展戦略
（1）1982-2000「再建期」
中国沿岸海域の完全な防備体制を整備
（2）2000-2010「躍進前期」
第一列島線内部・近海の制海確保
（3）2010-2020「躍進後期」
第二列島線内部の制海権確保
（4）2020-2040「完成期」
米海軍による太平洋の独占的支配を阻止
米海軍と対等な海軍建設

他。（海辺の町内会）海辺の町内会、なるほどね。

（漁師さん）漁師、いいね。

（地元の消防団）消防団、あるかもしれませんね。

（警察官）警察。こんなに出るじゃないですか。

全部いい意見です。それぞれが働いていることでしょう。

中でもみなさんに紹介したいのはこの活動です。

海守と言います。みなさんで、はい。（海守）

日本人の有志が、ボランティアで、海を守る活動を始めています。登録制です。

海上保安庁と日本財団が始めた活動です。

現在、参加者は何人くらいいると思いますか。

これはノートに書こう。何人くらい。

はい。（一万人）一万人も。先生、登録していますか。（してないです）

登録している人。一人もいない。百三十人いるのに一人もいない。百三十分のゼロ。

一万人。それより少ないと思う人。それより、ちょっと多いんじゃないかと思う人。

先生、何人ですか。（書いたのは一万人だったんですけど、今聞いて、それより多いんじゃないかと思いました）

多いんじゃないかと思ったのですね。見てみましょう。

六万六千人です。（えーっ！）

こういった活動も日本では始まっている。自分たちの手で守る、ということです。

海上保安庁
「海上の安全及び治安の確保を図ること」
海の警察，消防である。

海守
海守会員
青い海を守る
平穏な海を守る
豊かな海を守る
6万6千人

6 国を守る意思

十七世紀から二十世紀までのすべての戦争を調べました。

その戦争の原因の七割はあることでした。なんですか。話して。

聞いてみます。（領土争い）そう思った人。そうです。領土争いです。

世界中に読まれている『権利のための闘争』の著者、イェーリングは、こう言っています。とても大事な文だからみなさんで音読します。

（「隣国に一平方マイルの領土を奪われながら征伐して懲らすことのない国は、その他の領土をも奪われてゆき、ついには領土をすべて失って国家として存立することをやめてしまうだろう」）

つまり、奪われたら武力で立ち向かえ、ということです。

日本は、今、奪われていますか、いませんか。奪われていないという人。いるという人。（大勢）

それでは、戦争したらいいのか。戦争したい人。（挙手ゼロ）

戦争したい人、いないですよね。

では解決のためにどうするか。スイスが参考になります。

スイスは、世界大戦中、まったく戦争に巻き込まれませんでした。

スイスの全家庭に配られ、皆が読んでいる本の一節です。赤い字を読みます。

「我々が攻撃を免れたのは、自らを守ろうという我々の不屈の意志と、我が軍隊の効果的な準備によるものであろう」

ルドルフ・フォン・イェーリング
(Rudolf von Jhering、Ihering)
1818.8〜1892.9

隣国に1平方マイルの領土を奪われながら征伐《せいばつ》して懲《こ》らすことをしない国は、その他の領土をも奪われてゆき、ついには領土をすべて失って、国家として存立することをやめてしまうだろう。

（『権利のための闘争』より）

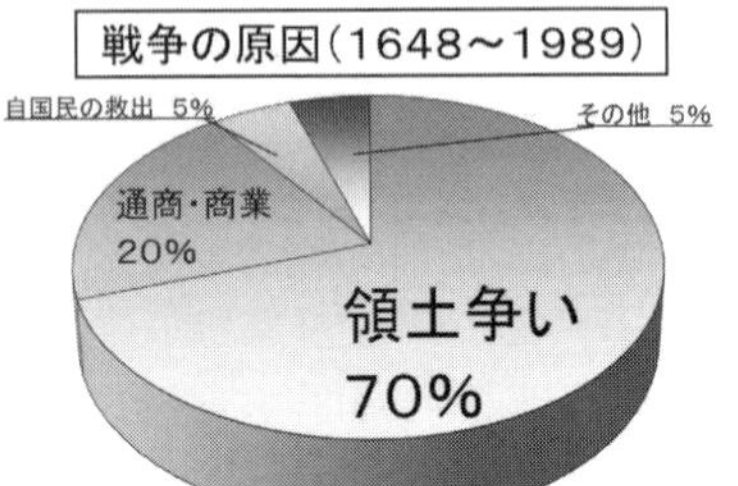

1648〜1989年
カル・ホルスティ（カナダ 国際政治学者）

不屈の意志と軍備の準備をしているからだと言っています。

このことを、私たちの先祖も書いていました。

誰ですか（吉田松陰）吉田松陰です。幕末の志士です。

松陰は、このような歌を詠みました。「備えとは」みなさんで、はい。

「備えとは　艦や砲との謂ならず　この敷島の大和魂」

武力も大事だが、それよりも大事なのは、私たち自身が自分の国を守ろうとする意志なのである、と。

その意志を持つために、まずは正しい知識を身につけていきましょう。（以上十分）

『民間防衛』（スイス政府編）

第一次大戦において、また、第二次大戦において、
われわれが攻撃を免れたのは、
偶然によるものではない。この幸い、それは、
みずからを守ろうというわれわれの不屈の意志と、わが軍隊の効果的な準備によるものである。

備えとは　艦《ふね》や砲《つつ》との謂《いい》ならず
この敷島《しきしま》の大和魂

武力も大事だが、国を守る
意志こそ、大切なのである。

【向山洋一教え方教室２００６年３月２５日　Ｃ表ライセンス指導案】

伝統文化の「再生」と「接続」を果たした偉人　塙保己一

対象学年：中学校３年生
ＴＯＳＳ埼玉志士舞　長谷川博之　16級

1　テーマ
伝統文化の「再生」と「接続」を果たした偉人　塙保己一

我が国の先人の業績を知り伝えていくことは，それを知る人々に生きる勇気や希望を与える，価値ある行動であることを教える。

2　テーマ設定の理由
ＴＯＳＳ人吉球磨発の『教師修業』2005年10月号の特集は「ＴＯＳＳ熊本『日本の伝統的教育文化セミナー』全記録」である。その巻頭で椿原正和氏が向山洋一氏の「ＴＯＳＳ2005基本方針」を紹介し，「授業づくりの骨格」として目的，内容，方法を提案している。以下に引く。

ＴＯＳＳ伝統的教育文化の授業

１　目的
自国に誇りを持ち，国際社会の場で凛とした姿を見せられる日本人を育てる。

２　内容
①すぐれた教育論をとりあげ研究し，現代に生かせ。
②すぐれた人生論，指導論，文化論，上達論をとりあげよ。
③歴史地理の授業をダイナミックに深化させよ。
④伝統文化を授業の中に文化活動の中に取り広めよう。

３　方法
「再生と接続」を重視した授業展開

伝統文化の「再生」と「接続」の文字を目にした時，瞬時にある人物の名がひらめいた。

埼玉の３偉人のひとり，塙保己一である。


塙保己一は延享３年(1746年)，武蔵国児玉郡保木野村(現埼玉県児玉町)に生まれた。小野妹子，小野篁につながる家系であるという。

７歳で病により失明し，12歳で母と死別，15歳で江戸に出る。自殺未遂など紆余曲折を経て学問の道に進む。優れた記憶力の持ち主であった保己一は，人に読んでもらうのを聞いて覚え，一度覚えるといつまでも忘れなかったといわれている。晩年の賀茂真淵に師事し国学を学んだ。

34歳の時から，全国に散らばっていた多くの古い文献や史料を集めて精密に検証・分類・整理し，666冊にまとめた大文献集，『群書類従』を，41年間かけて刊行し続けた。他にも数千冊の書籍の編集校正出版を実現した。また，48歳の時に，国学研究の場として「和学講談所」の創設を幕府に願い出て許され，ここで多くの門弟を育てた。文政４年(1821)年に没。76年の生涯であった。


県の先人，いや我が国の偉大なる先人に関するこのような基礎知識が，教育の場で子どもたちに伝えられないだけでなく，20代，30代の記憶からも忘れ去られようとしている。

塙保己一こそ，**遠き江戸の中期に，農民出身の身分で，しかも盲目というハンデを負った身で，将軍家斉や老中松平定信と親しく交わり，日本の伝統文化の「再生」と「接続」という大事業を果した偉大なる先人である**にもかかわらず，である。

保己一の生まれ故郷は現在私の住む秩父市と隣り合わせの町である。

埼玉県民である保己一の業績とその人生，そしてそこから派生する事実を，授業を通して目の前の子どもたちに，またその次の世代にと伝えていく使命が，自分にはある。

保己一という逸材を生んだ自国に，故郷に誇りを持ち，国際社会の場で凛とした姿を見せられる日本人を育てたい。そう考え，単元を組んだ。子どもたちに教えたいことは先に述べた３点である。

(１)埼玉県出身の塙保己一が，さまざまな障害を克服して世界に誇る大事業を成し遂げたこと。
(２)保己一から始まる人のつながり，縁が，社会のさまざまな分野で実を結んでいること。
(３)先人の業績を知り伝えていくことは，それを知る人々に生きる勇気や希望を与えるものであること。

なお，授業化に当たり，社団法人温故学会会長代理の斎藤幸一氏と，元埼玉県立盲学校校長であり現在立正大学社会福祉学部で教鞭をとる堺正一氏の協力を得た。

（1） 伝統文化の再生

ここでいう「再生」とは，古代から江戸初期に至る貴重な文献や古書を41年間かけて収集・検証・分類・整理し『群書類従』全670巻（現在666巻）として出版した仕事を指す。その態度は，「髪を算めて櫛けづり，米を数へて炊ぐの類ひのみ」（『修史始末』）と表現されるほど一字一句の解釈を突き詰める厳しいものであった。

『類従』は価値ある古書の群れを類に分け，系統的に位置づけている。類としては「神祇」「帝王」「補任」「系譜」など25。たとえば物語部には「竹取の翁の物語」「伊勢物語」，日記部には「和泉式部日記」「紫式部日記」，紀行部には「土佐日記」「更級日記」，そして雑部には「枕草子」「方丈記」から聖徳太子の「十七箇条憲法」まで，今日我々が学ぶ多くの書物が収められている。もし，保己一のこの仕事がなければ，ここに収められたもののうちのいくつもが散逸し容易には読めない事態になっていたはずである。

『類従』はまた，保己一が別に出版した数千冊の書物とともに，内外の学者が日本文学や日本史等を研究する上で，今なお欠かすことのできない貴重な資料となっている。

この一国学者としての保己一の仕事こそ，伝統文化，日本人のこころの「再生」作業の代表的事例である。

幸田露伴は次の評を遺している。

> **我邦の学芸界の風習として，古を尚び，伝承を重んずるの結果，秘密相伝のことが行なはれ，師弟父子の間にも容易には帳中筐底の秘は授受されず，和歌，連歌，筆法，兵法のはかないことにさへ，其道々の人々は重大な犠牲を払ひ，或は生命をも賭するに至って而して後に辛くも其道の書を得たほどである。**まして儀礼式典の如き国家高貴の事に関するものや，史伝系図の如き公私尊重の性質を有するものゝ類は，其職に当る者や其家を承くる者に於て，それこそ什襲珍蔵，門外不出，他人の之を窺知せんとする者に対しては，厳重に防禦したのである。一切の社会が此の風に掩はれて，医術の如き広布を要する道に於てさへ，切紙伝授といふことが行はれ，さほどでもない処方さへも一子相伝の語によって秘護され且つ装飾されたのであった。是の如く伝承を重んずるといふことは，もとより悪いことでは無い。道を重んじ，之を尊み，誤りなく之を伝ふるのであるから，全く悪いことではないが，**其の弊に至っては，智識芸術の流通を妨げ，随って進歩を阻害し一部の人をして壟断の利を保たしめ，又場合によっては折角の良いもの貴いものを湮滅に帰せしめるやうな虞れもあったのである。**かゝる時代に於て，各部門に亘って此等のものを蒐集し取捨し，秘蔵を公刊するに至ったといふことは，容易ならぬことであったに疑ひ無い。時代の社会事情を考察せずに論ずれば，群書類従の刊行の如きは，さして感歎すべきほどの事業でもないが，**仮りに類従が未だ世に出でずにあったとして考ふれば，これだけのものが今日の我等の前に容易に提供さるべきとは思へないのに照して，類従の刊行が如何に大なる事業であったかを感ぜずには居られない。**塙氏の学識と意気精神とのために，我等は文化を幸にして容易に今日に伝承し得たとして深く感謝して然るべきである。 （「群書類従に就て」 ゴシックは長谷川）

また，保己一は水戸光圀が着手し，以後水戸藩が250年の歳月をかけて完成させた『大日本史』の校正作業も担当した。『源平盛衰記』も校正し，頼山陽の『日本外史』にも助言を与えた。

これもまた「再生」の一環といえる。

（2） 伝統文化の接続

さて，保己一の仕事における「接続」とは，大きくいって次の４つの仕事を指す。

> ①**日本の歴史や律令を研究し，後継者を養成するための「和学講談所」（「温故堂」）の設立**
> （現東京大学史料編纂所の前身である）
> ②出版事業に伴う１万７千枚を超える版木をしっかり保管する倉庫の建設
> （後に渋沢栄一が，自ら設立した清水建設に施工を依頼して新たな倉庫を渋谷区に建設する。塙保己一の顕彰事業を主とする社団法人温故学会の建物がそれである）
> ③この事業に関わる学者や多くの門下生などの管理
> ④事業を遂行するため数千両という資金の確保と収支の管理

学問，教育，事業，政治。これらすべてを保己一が先頭に立って切り盛りした。学問のため，次の世代を担う人材のために，である。門人は数千人おり，尊王論の平田篤胤もそのひとりである。

和学講談所はのちに林大学頭の支配下に置かれ，幕府の公的教育機関として機能していく。そのトップに保己一が座り，日本の歴史や法律制度，『万葉集』や『源氏物語』など歌書・物語類の講義をはじめ，文献の収集・調査・編集作業，行政文書の原案起草，検閲など多方面にその活躍の場を広げていくのである。

ちなみに，外交政策の面でいえば，この和学講談所の文献調査の成果がなければ，小笠原諸島は英米の領土となっていた可能性が高いといわれる。

保己一は過去だけでなく，多くの課題を抱えていた当時の日本と，その将来のことをも視野に入れて研究に励んだ。『蛍蠅抄』等の書籍がその証である。

以上が保己一の仕事の大要である。

盲人の最高位である総検校となり，将軍家斉にも直接お目通りを許された身分であったにもかかわらず，塙家には保己一が死して後も数千両の借金が残った。借用証文は児玉町の塙記念館に現在でも保存されている。

保己一はまさに，人生のすべてをわが国の伝統文化の再生と接続とに注ぎ込んだ人間なのである。

このように生きた先人がいた，という事実を知らせるだけでも，十分に価値あることだと私は考える。

『群書類従』の版木は現在，渋沢栄一が発起人となって設立された社団法人温故学会(東京都渋谷区)に収められており，内外の研究者らの求めに応じて今でも刷りおろしが行なわれている。

温故学会会長代理の斎藤幸一氏にお聞きしたところによれば，灘高校では一学年生徒全員分に，『群書類従』版木から「土佐日記」を刷り，配付しテキストとして使用しているという。後の学者育成の意味もあるとのことであった。ここにもまた，「接続」の一端が伺える。

3　塙保己一の教材としての価値

「偉人」とは，単にある分野で目覚ましい業績をあげたというだけではなく，その偉大な足跡に加え，後世の多くの人たちの「生き方」に影響を与えてきた人物といえよう。

その意味で，塙保己一は「偉人」である。

彼の業績についてはすでに述べた。それだけではない。彼に影響を受けた人間は数え切れぬほど多い。

たとえば，江戸には保己一後，盲目の学者が10数名も生まれたという。

明治以降をみても，たとえば「日本の資本主義の父」といわれ社会福祉事業にも尽力した渋沢栄一がいる。渋沢は保己一を評してこう述べる。

> 検校は一面より見ると，学者であり，知識人であり，また歌人である。しかし，別の面から見ると，実業家であり，同時に政治家でもあった。
> その特徴として，次の６点をあげることができる。
> （１）　強固な意志を持っていたこと
> （２）　なにごとにつけても活動的であったこと
> （３）　清廉潔白で無欲であったこと
> （４）　心が広く，人の意見によく耳をかたむけたこと
> （５）　とっさの場合に機転がきくユーモアと心の余裕があったこと
> （６）　信じられないほどの記憶力の持ち主であったこと
> これらの特徴のそれぞれの具体例を挙げようと思えば，いくらでもあげることができるほど逸話は多いのである。

最後の「信じられないほどの記憶力」を除いては，すべて栄一自身の生き方でもあり，一生涯心がけてきたことであった。渋沢は自分の目指す理想の人物像を，郷土出身の盲目の大学者のなかに見出していたのである。

他にも，日本初の公認女医となり女性解放運動にも生涯をかけた荻野吟子がいる。荻野は，保己一が『群書類従』に律令の解釈書である『令義解』を収めたおかげで，女性の身で医師への道を歩むことができたのである。

ちなみにこの３人は埼玉新聞社の主催する郵便投票で「埼玉の３偉人」に選ばれた。

塙の影響を受けた人物は外国にもいる。代表例はヘレン・ケラーである。ヘレンは塙保己一を「もっとも尊敬する日本人」「人生の目標」と言い切った。ヘレンは幼き頃から保己一を目標とし，血のにじむ努力で学問を修め，障害者福祉のために世界中を講演して回る。そして，晩年は３度来日し，講演活動を通して多くの日本人に勇気と慰めを与え，盲児義務教育制と身体障害者福祉法の成立に深く関わることになる。

保己一の業績と生き方とから伸びた不思議な縁のつながりが，社会のさまざまな分野で実を結ぶ。

その一つひとつを授業化し，単元として組み立てる。

単元を通して子どもたちに教えたいことは先に述べた３点である。

> **(1)埼玉県出身の塙保己一が，さまざまな障害を克服して世界に誇る大事業を成し遂げたこと。**
> **(2)保己一から始まる人のつながり，縁が，社会のさまざまな分野で実を結んでいること。**
> **(3)先人の業績を知り伝えていくことは，それを知る人々に生きる勇気や希望を与えるものであること。**

子どもたちも多くの成人も，ヘレン・ケラーの名と業績は知っていても保己一のそれは知らない。ヘレン・ケラーの人並み外れた努力を支えたのが，我らの同胞であるという事実を知らない。

保己一の人生とその業績，保己一から始まるさまざまなドラマを知ることは，自らの故郷，祖国に誇りを持つことにつながる。

今回の授業では，保己一とヘレン・ケラーのつながりを教える。
(2)を知らせ，(3)を考えさせることをねらいとして授業を組み立てる。

4　指導計画　(全４時間)

	指導のねらい	授業の概要
1	伝統文化の「再生」と「接続」を果した偉人，塙保己一を知る 【ライセンス受検に向けて準備中】	①生い立ちと志に生きる生き方 「菅原道真」「十七箇条憲法」「借金」 ②『群書類従』「和学講談所」を始めとする膨大な仕事の価値 ③次男暗殺事件の波紋と盲唖学校設立建白書
2 **本時**	**保己一とヘレン･ケラーのつながりから，先人の生き方や伝統文化を語り伝えることの意義を知る**	**①ヘレン・ケラーの生涯** **②「人生の目標」塙保己一の業績(前時の復習)** **③伊沢修二，グラハム・ベルのはたらき** **④ヘレン・ケラーの功績**
3	保己一と渋沢栄一のつながりを知る。	①生い立ちと志，保己一への思い ②社会福祉事業への尽力
4	保己一と荻野吟子のつながりを知る。	①日本初の公認女医誕生に至る苦難と，不屈の精神 ②『令義解』の存在価値 ③女性の地位向上にかけた人生

5　本時の授業の流れ　(７分間)

1．ヘレン・ケラーに関する基礎知識

問１　ヘレン・ケラーです。
ヘレン・ケラーは三つの苦しみを背負っていました。四角に言葉を入れて読みます。一番上
□えない。□えない。□せない。
(テンポ良く訊いていく)

問２　ヘレン・ケラーは三重苦の聖女と呼ばれていました。どんな仕事をしたのでしょうか。
(数人に尋ねる)　①といったら、その後を読みなさい。
①障害者福祉のための講演活動
②戦争回避の運動
③福祉改善のための著作活動

2．保己一の生い立ちと業績

問３　このヘレンが,「最も尊敬する」「人生の目標である」と断言した人がいます。日本人です。
誰でしょう。(数人に問う)

説明１　塙保己一です。江戸時代後期の人です。

７歳で失明，12歳で母を失います。

次々と不幸に見舞われるのですが，保己一は抜群の記憶力を持っていました。

寺子屋で読んでもらった『太平記』を暗記して家族に語り聞かせたというエピソードが残っているほどです。

15歳で江戸に出、学問の道を歩み始めます。

問４　点字もない当時，目の見えない人間が学問をするなど考えられませんでした。学問の土台は読ですね。保己一はどうやって本を学んだのでしょうか。
(人々からボランティアで本を読んでもらいました。保己一はそのすべてを暗記したといわれていま

説明２　保己一は国学者として血のにじむ努力を重ねます。

そして34歳の時、志を立てます。

当時は活版技術がなかったから文献の数が少ない。

古代から伝えられる貴重な文献が、江戸初期には1冊2冊しか残っていない。そのままにしていたら火事で焼けたり、なくなったり、もしくは蔵の奥深くに隠されたまま朽ちていってしまう。

問5　日本の「物語」といえば、どんな作品がありますか。

説明3　『竹取翁物語』もそうです。時代が下るにつれて、散逸してしまった。これでは後世に伝えられなくなってしまう。
そこで保己一は、古代から江戸初期に至る貴重な文献や古書を収集し、検証し、分類し，出版することを決意します。

全国を巡って古書を集め、編集し、このようにして版木にしました。
そして、『群書類従』全670巻（現在666巻）として出版したのです。版木にして17244枚，開発費用だけで6000両，60億円をかけた大事業でした。
当然保己一の全財産だけでは足りず，ほとんどは借金でまかないました。

説明4　物語部に収められている作品です。「伊勢物語」「大和物語」「竹取翁物語」。
日記部,「和泉式部日記」「紫式部日記」，紀行部には「土佐日記」「更級日記」。
雑部,「枕草子」「方丈記」、そして、「十七箇条憲法」。（次々と提示する）
今日我々が学ぶ多くの書物が収められています。

もし，保己一のこの仕事がなければ，これらの作品は散逸し，失われ，私達が手にすることはできなかった可能性が高いのです。
どれほど重要な仕事だったかがわかりますね。

説明5　保己一の仕事は出版だけではありません。
幕府の許可を得，和学講談所を設立します。歴史や律令の研究，講義を行なう機関です。後継者を育成したのです。

保己一の業績とはすなわち，わが国の伝統文化の再生と接続といえるのです。

3．保己一とヘレンのつながり

発問6　この保己一を「人生の目標」として生きたヘレン。 なぜヘレンは，保己一を知っていたのでしょうか。

ノートに書かせて，指名する。「ある人から教えられたのです」とヒントを示す。

説明5　母です。「日本の塙先生は，あなたの人生の目標になるお人ですよ」と何度も教えられたのです。

発問7　ではなぜ，アメリカの片田舎の主婦が，保己一を知っていたのでしょうか。

（指名して発言を求める。「わかりません」でもよい。次のヒントを提示し，思考を促す）

ある人物から教えられたのです。ある人物とは誰か。わかったら挙手しなさい。
① 聴覚障害者教育の専門家
② 実はヘレン・ケラーの最初の家庭教師
③ 電話の発明者

説明6　「電話の父」，アレクサンダー・グラハム・ベルです。発明家としての彼は第二の顔で，本業は聴覚障害者教育の専門家でした。ヘレン・ケラーにサリバン先生を紹介したのも，彼なのです。

発問8　なぜ，ベルは保己一を知っていたのでしょうか。

説明7　ある日本人が伝えたのです。
ベルは当時，日本初の師範科留学生としてハーバード大学で学んでいた伊沢修二に英会話を教えていました。保己一の話はその時，伊沢からベルに伝わったと考えられています。

指示1　1937年，57歳で来日したヘレン・ケラーのスピーチです。太字を読みます。

（英文，和訳の順で提示し，太字部分を読ませる）

わたしは，幼いときから日本には塙保己一先生という方がいたと聞いていました。そして**先生を尊敬し，慕っておりました。**
その偉大な業績に励まされて，私は勉強し，精一杯努力したのです。

今日，この温故学会を訪問して，先生の像に触れることができたのは，今回の日本訪問で，もっとも意義深いものでした。

先生の使い古したお机と，首を少しかしげておられる先生の像に触れ，**塙先生に対する尊敬の気持ちがいっそう強くなりました。先生のお名前は，水が流れ続けるように，永遠に後世に伝えられていくにちがいありません。**

4．　先人の業績を語り伝えることの意義

説明８　1949年12月，我が国の障害者福祉の基礎となる身体障害者福祉法が，ようやく成立します。
この法律の成立には，保己一を目標として生きたヘレン・ケラーの働きが大きく影響しました。

我が国の先人の人生が，めぐりめぐって他国の人の人生をも支えました。
先人の業績を知り，伝えることは，時に人を救う結果をも生むのです。
我が国にはまだまだたくさんの偉人がいます。私たちもまた、この日本の先人の業績を，次の世代に，そして海外にと伝える使命を負っているのです。

発問９　日本の先人たちの業績を，後世に語り継いでいきたいと思う人。（挙手させる）

6　参考文献

・塙保己一論纂上巻　温故学会編　錦正社
・塙保己一論纂下巻　同上
・塙保己一研究　温故学会編　ぺりかん社
・奇跡の人　塙保己一　堺正一著　埼玉新聞社
・今に生きる　塙保己一　堺正一著　埼玉新聞社
・塙保己一とともに　堺正一著　はる書房
・塙保己一　太田善麿著　吉川弘文館
・盲目の大学者　塙保己一　温故学会
・木版　群書類従　目録　温故学会
・温故叢誌　第５９号　温故学会
・対訳／ヘレン・ケラーと塙保己一選集　佐藤隆久著　自費出版
・ヘレンケラーを支えた電話の父・ベル博士　ジュディス・セントジョージ著　あすなろ書房
・ヘレン・ケラーはどう教育されたか　アン・サリバン著　明治図書
・奇跡の人　ヘレン・ケラー自伝　ヘレン・ケラー著　小倉慶郎訳　新潮文庫
・愛とまごころの指　サリバン女史の手紙　ジョン・A・メーシー編　現代教養文庫
・知られざる声　障害者の歴史に光を灯した女性たち　ディヴィッド・スミス著　湘南出版社
・埼玉の先人　渋沢栄一　韮塚一三郎・金子吉衛著　さきたま出版会
・渋沢栄一　渋沢華子著　国書刊行会
・渋沢栄一　土屋喬雄著　吉川弘文館
・花埋み　渡辺淳一　集英社文庫
・伊沢修二(新装版)　上沼八郎著　吉川弘文館
・障害者教育史　津曲裕次・清水寛・松矢勝宏・北沢清司編著　川島書店
・盲人の歴史　谷合侑著　明石書店
・盲人福祉事業の歴史　谷合侑著　明石書店
・その時歴史が動いた１４　ＮＨＫ取材班・編　ＫＴＣ中央出版　他

② 尖閣諸島の授業　谷和樹氏実践
③ 対馬の授業　伴一孝氏実践
④ 沖ノ鳥島の授業　千葉康弘氏実践
⑤ 竹島の授業　長谷川博之実践
⑥ 在日米軍・米軍基地の授業　長谷川博之作成予定

3　領土を守る人々の存在と働きを知る（1時間）

① 防人、鎌倉武士、林子平『海国兵談』等国防の歴史
② 「国防」自衛隊の存在と働き
③ 「海防」海上保安庁の存在と働き
④ 日米安保条約による同盟、そのメリット・デメリット

4　未来、私たちにできることを考える（2時間）

日本の強みと弱みを知り、自分にできることは何かを調べ、考え、まとめ、発信する。
キーワード：国際司法裁判所、警察と軍隊、軍隊出動三条件、脅威＝意図×能力（意図をゼロに近づける外交・戦略）、外国人参政権、禁止規定と根拠規定、シビリアンコントロール、沖縄、自衛隊法、他

検定では1を主とし、3の一部を加えて提案する。

四　本時の指導上の強調点

1　日本の領土はどの範囲か？　正しく日本の国境について学ぶ

（1）日本の端

① 最北端：択捉島・カモイワッカ岬（北海道蘂取郡蘂取村）
日本が領有権を主張している範囲の最北端。ロシアが実効支配している。民間人はビザなし交流、またはロシア経由で渡航が可能である。ロシア経由の渡航については、ロシアの主権を認める行為であるため、日本政府は自粛を要請している。弁天島（北海道稚内市）は現在の日本の施政下での最北端。宗谷岬沖の岩礁であり、民間人が通常の交通手段で訪れることは困難である。※北方領土＝北方四島とする政府見解に従う
② 最南端：沖ノ鳥島（東京都小笠原村）
数 10cm の露岩 2 つから成る島。浸食保護などのため東京都の管轄を離れ、日本政府の直轄管理下に置かれており、民間人が上陸することは困難である。
③ 最東端：南鳥島（東京都小笠原村）
島に施設を有する海上自衛隊、海上保安庁、気象庁の職員のみが上陸可能。民間人では工事関係者などの特別な許可を得た者のみが例外的に上陸可能。
④ 最西端：与那国島・西崎（沖縄県八重山郡与那国町）
日本が領有権を主張している範囲にある東西南北端のうち、唯一、民間人が到達することができる。

（2）「海」の種類　大きく分けて三種

① 領海：沿岸から 12 海里（約 22 ｋｍ）の範囲。
陸上と同じように日本の行政権・司法権が通用する海である。日本の法のもとに裁かれる、法の下で管理している海のことを指す。**無害通航権**がある。
② 排他的経済水域（ＥＥＺ）：領海の基線から 200 海里（約 370 ｋｍ）の範囲。
排他的経済水域には以下の４つの権利が認められている。
ア、天然資源の開発等に係る主権的権利
イ、人工島、設備、構築物等の設置及び利用に係る管轄権
ウ、海洋の科学的調査に係る管轄権
エ、海洋環境の保護及び保全に係る管轄権
③ 公海：沿岸国に害を及ぼさない限り通行してよい海であり、どこの国にも属していない。

（3）日本の「海」

最北端の択捉島から最南端の沖ノ鳥島まで南北 3020 ｋｍ。。冬場の同日、択捉島の朝の気温が－ 20 ℃であるのに対し、沖ノ鳥島の気温は 28 ℃。同じ国内で 50 ℃もの温度差があるということが、日本の生態系の豊かさにつながっている。水温も、静岡と根室では水温に 25 ℃もの差がある。水温の差が大きいということは生態系が違うということを意味しており、日本の海は豊饒な海であると言える。

（4）日本のＥＥＺ

① 世界で６番目と言われている。ＥＥＺは申告して初めてＥＥＺとなる。ＥＥＺを申告すると、そこが隣国との境界線となる。また、ＥＥＺを主張することによって、海の安全・環境を守る義務も生まれる。だからイギリスやフランスは申請しておらず、必要な時に申請しようと考えているのである。
② 日本のＥＥＺは 447 万平方キロメートル。世界第６位の広さを持つ。一方、中国は自称 300 万平方キロメートル。これには台湾・南沙諸島も含まれており、実際には約 90 万平方キロメートルしかない。日本の１／５である。ゆえに中国は海がほしい。
③ 日本の海は広く、その深さ（容積）を考えると、世界で４番目の海の大きさとなる。

（5）海洋資源

海洋資源は、「海底資源」「海洋資源」「水産資源」に分かれる。代表的なものは以下である。
① メタンハイドレード
メタンハイドレードが日本海近海に多く埋まっていることは、周知の事実となっている。およそ７兆立方メートル埋蔵されていると試算されている。現段階ではまだ実用化されてはいないが、すでに南海トラフで石油天然ガス・金属鉱物資源機構（ＪＯＧＭＥＣ）と探査船「ちきゅう」号による試掘が始まっている。2013 年には算出に向けて試験を行い、2018 年に実用化予定とも言われている。日本周辺に埋まっているメタンハイドレードは日本のガス消費量の 100 年分とも言われ、実用化がなされれば、日本は資源大国になる可能性も高い。しかし、抽出・加工・輸送にかかるコストが問題視されている。現段階では他国から資源を買っていた方が安く、また、アメリカを中心としてシェールガスも普及しつつある。コスト面と発掘量との兼ね合いが今後の課題の一つである。
② レアアース
東京大学の加藤泰浩教授グループにより、南鳥島の近海にレアアースが存在することが確認された。加藤教授によると約 680 万トン、日本で消費するガスの 227 年分が埋まっているという。現在、レアアース輸出の 90 ％以上が中国によるものである。実際にはアメリカ・ロシアにも多くのレアアースが存在するが、発掘時に放射性物質が飛び散る危険性もあり、両国とも発掘を控えている。一方で海底のレアアースは水圧・水温等の影響により放射線物質の発生が少ないとの調査結果が出ている。「レアアースを制する者は 21 世紀を制する」の言葉があるが、最先端技術に不可欠のレアアースを日本の資源とするために、加藤グループによる研究が進んでいる。
③ 海底熱水鉱床
日本の海底資源・鉱物資源として、海底 1000 m付近に存在する「海底熱水鉱床」が有望視されている。熱水鉱床とは、海底面から噴出する熱水から、金・銀・銅・亜鉛やレアメタル等を豊富に含んだ金属成分が沈殿してできた多金属硫化

「ＴＯＳＳ授業技量検定システム」全国巡回セミナー愛知　A表検定指導案（中学校３年　総合的な学習）　現在二段

ＴＯＳＳ「領土の授業」第一時の授業を提案する

向山一門事務局／ＴＯＳＳ埼玉志士舞代表
長谷川博之

※「Ｂ４版１枚」という本セミナー規定に従い、本日の授業に関する情報を優先して収録した。

1　テーマ

ＴＯＳＳ「領土の授業」単元の全体像を示し、「なぜ領土を学ぶのか」を教える「第一時」の授業を提案する。

2　主張点

「隣国によって１平方マイルの領土を奪われながら膺懲の挙に出ない国は、その他の領土をも奪われてゆき、ついには領土を全く失って国家として存立することをやめてしまうであろう」

ルドルフ・フォン・イェーリング『権利のための闘争』(1872)の一節である。

「われわれが１万3000キロも彼方の南大西洋で奮闘した理由は、領土とフォークランドの人々が重要だったからだが、それ以上に大切なことのためだった。**われわれは国家としての名誉、そして全世界にとっての基本的で重要な原則――なかんずく侵略を成功させるべきではなく、国際法が力の行使に勝たなくてはならないという原則のために戦ったのだ**」

1982年春のフォークランド諸島（マルビナス諸島）紛争で、渋る議会を一喝して開戦し、連戦連勝でアルゼンチンを退けたサッチャーが、その自伝『The Downing Street Years』で述べた言葉である。

「第一次大戦において、また、第二次大戦において、われわれが攻撃を免れたのは、偶然によるものではない。この幸い、それは**みずからを守ろうというわれわれの不屈の意志と、わが軍隊の効果的な準備によるものである**」
「スイスは、征服の野心をいささかも抱いていない。何国をも攻撃しようとは思っていない。望んでいるのは平和である。しかしながら、**世界の現状では、平和を守り続けるためには、また、他に対する奉仕をしながら現状の状態を維持するためには、軍隊によって自国の安全を確保するほかにない**と、スイスは信ずる」

スイス政府により全家庭に配られている『民間防衛』の一節である。

平和は自ら守るもの。これが世界基準である。

翻って、日本はどうか。国家の成立要素である「主権」「領土」「国民」。このうち「領土」を教えることを疎かにしてきた我が国は今、外国によって北方領土と竹島を不法に占拠され、尖閣諸島の領有権を不当に主張されている。

2001年12月の北朝鮮工作船事件を皮切りに、2004年の中国による尖閣不法上陸、原子力潜水艦の領海侵犯、以後の度重なる挑発的行動、2010年の中国漁船衝突事件、メドベージェフ露大統領による国後島訪問、2012年の李明博大統領による竹島上陸。これら一連の事件を経て近年ようやく高まってきたものの、日本人の領土を守ろうとする意思、国防の意識は長期に渡りきわめて低いまま推移してきた。

日本青年会議所が全国の高校生約400名に行った調査では、北方の国境、南方の国境、日本海の国境を正しく指摘できた者はわずか７名（1.8％）に過ぎなかった。成人相手の同様の調査での正解者は、300名中８名（2.7％）のみであった。こうした事態に陥った、その責任の一端は我々教師にある。

国境意識が薄れれば国家意識も薄れる。国防の強さは国民の意識の高さに規定される。**いわゆる「領土問題」は、外交問題であるが、同時に国内問題でもある。**

《国民が知る、民意（世論）が高まる、政治が動く》これが解決へのプロセスであるが、始まりは「知る」こと。つまり、教育である。我々の仕事だ。

先日の某会議の席で、向山洋一氏から「全国一斉に領土の授業を行う」という方針が出された。国民運動とするための布石の一つである。

向山洋一氏の「北方領土」。谷和樹氏の「尖閣諸島」。ほか、伴一孝氏の「対馬」、千葉康弘氏の「沖ノ鳥島」、私も作成した「竹島」等、ＴＯＳＳは我が国固有の領土を教え考えさせる授業を作り出してきた。これらの授業を実践し、私は趣意説明の授業の必要性を実感した。「なぜ領土を学ぶのか」「そもそも領土とは何なのか」「領土を守ることがなぜ大切なのか」という子どもたちの疑問に答える授業が必要だと考えたのである。

今秋自民党本部で開催したＴＯＳＳと参議院議員との学習会でも、元自衛官である「ヒゲの隊長」こと佐藤正久議員からも「ぜひ全体像を示す授業を作ってほしい」と依頼された。学習会を継続しつつ、授業化していくことを約束した。

青年会議所の「領土領海意識醸成プログラム」で知り合い取材した、東海大学海洋学部教授で東京都の専門委員を務める山田吉彦氏からは主として中国の国家戦略についてレクチャーを受けた。日本の対応が短期的、対症療法的であるのに対し、中国は綿密な中長期計画に沿い、きわめて戦略的に策を講じ続けている。我が国が海を守る重要性と、中国が海を欲しがる理由。それらも事実をもって教えていくことが大切である。

向山型社会の４原則のひとつである「日本主義」。日本人の立場で、日本を第一に考え、子どもたちが日本を好きになり、誇りに思うような教育を展開するというこの「日本主義」をベースとして、我々日本の教師が領土教育をしていくことが急務である。領土教育として個別の案件を授業する前の、単元の「趣意説明」としての第一時の授業を提案する。

3　単元の指導内容

単元構造を以下のように組み立てる。対象は中学３年生、総合的な学習の時間（全10時間）である。

１　なぜ領土を学ぶのかを考える（１時間）

①　日本の領土はどの範囲か？　正しく日本の国境について学ぶ
②　なぜ領土を守るのか？　世界の国境紛争、領土問題の歴史を学ぶ
③　領土問題、七つの紛争パターン
④　日本の領土は狙われている　中韓露の戦略、日本の国防の実際

２　日本が直面する「領土」の問題を知る（６時間）

①　北方領土の授業　向山洋一氏実践

軍発展戦略」で、第一列島線・第二列島線の概念を強調している。

短期的な視点で見ると、対米国防計画である。と同時に、長期的には中国が覇権国家に成長するための海軍建設計画と言える。劉華清副主席がかかげた海軍のタイムスケジュールは以下である。
①「再建期」　1982年-2000年　中国沿岸海域の完全な防備体制を整備
②「躍進前期」2000年-2010年　第一列島線内部・近海の制海確保
③「躍進後期」2010年-2020年　第二列島線内部の制海権確保、航空母艦建造
④「完成期」　2020年-2040年　米海軍による太平洋、インド洋の独占的支配を阻止
⑤　2040年　米海軍と対等な海軍建設
現在のところ、躍進前期が5年ほどずれ込み、2015 年ごろに近代化が一巡する見込みである。第一列島線は中国海軍にとって台湾有事の際の作戦海域である。同時に、対米有事の際に米空母・原子力潜水艦が侵入するのを阻止するため、ライン内において制海権を握ることを目標としている。第二列島線は台湾有事の際にアメリカ海軍の増援を阻止・妨害する地域と推定され、中国の第二列島線進出は外洋海軍への変革を目指しているものと考えられる。

中国の歴史教科書にはかつて朝貢貿易を行っていた地域（シンガポールからインドシナ半島全域、タイ、ネパール、朝鮮半島、琉球などの地域）は「列強に奪われた中国固有の領土」と明記されている。第一列島線とともに、中国がこれらの地域を戦略的に狙っていることがわかる。中国ではこれらの地域を、国境とは別の「戦略的辺彊」としている。
（2）中国の「国境」という概念　戦略的辺彊
中国は1977年から78年頃に、「国家の軍事力が実際に支配している国家利益と関係のある地理的空間的範囲の限界」を「生存空間」と捉えるようになり、この「生存空間」の境界たる「戦略的辺彊」を拡大する戦略を打ち出し始めた。一般的な領土・領海・領空の「地理的境界」が国際的に承認され、相対的に安定性と確実性を持っている国境であるのに対して、「戦略的辺彊」は国家の軍事力が実際に支配している、国家利益と関係のある地位的範囲の限界とされ、領土・領海・領空に制約されず、総合的国力の増減に伴って変化するとされる。

この考えに基づけば、国家の「生存空間」を「地理的境界」に一致させるだけの総合的国力がなければ、やがて「地理的境界」が「生存空間」の境界たる「戦略的辺彊」まで後退して領域の一部を失うことになる。逆に「生存空間」を「地理的境界」の外まで拡大し長期にわたって有効に支配できれば、「地理的境界」を拡大することができるとされる。

それまで中国は、海上にあっては大陸から12海里の「地理的境界」を「戦略的辺彊」としていたが、最近では「戦略的辺彊」を黄海、東シナ海、南シナ海の排他的経済水域の際まで拡大する方針が採られるようになった。

軍事力をつけ、国境を広げていこうという考え方が今の中国にある。第一列島線の制圧、第二列島線に向けての動きは中国の戦略的辺彊を広げるということに他ならないと言える。
（3）中国国内法による戦略
中国の法令で初めて「海洋権益」という用語が登場したのは、1992 年に制定された「中華人民共和国領海及び接続水域法」である。領海法では、第一条において「中華人民共和国の領海に対する主権と接続水域に対する管制権を行使し、国家の安全と海洋権益を保護するために、本法を制定する」と規定している。続いて「中華人民共和国の陸地領土と内水に隣接」する一定範囲の海域を領海と定め、その陸地領土として「**中華人民民共和国の大陸およびその沿海島嶼、台湾および釣魚島を含む付属各島、澎湖列島、東沙諸島、西沙諸島、中沙諸島、南沙諸島およびその他中華人民共和国に属する一切の島嶼**」（第二条）と明記している。尖閣諸島を始めさまざまな諸島を「中国の領土である」と国内法で定めているのである。このように、国内法を整備することにより、中国は尖閣諸島を始め諸列島に対しての管理権、海洋権益を主張するとともに、それが他国に侵された場合の対応についても強調している。

他にも中国は諸列島を自国のものとするために、さまざまな法整備を行ってきた。たとえば、2010 年制定の**海島保護法**である。国内の法整備を固め、国民の意識を「争っている領土はすべて中国のものだ」と強めるとともに、自国領土に他国が侵入し、その権利を妨害した場合の手続きを公的なものにしようという狙いがある。長期的な軍事戦略である。
（4）2012年9月10日：日本国内尖閣諸島国有化の動きを受け、領海を決定する領海基線を尖閣諸島に設けた
日本国内で尖閣諸島国有化の動きがあった9月、中国は国連に新たな海図を提出した。国連はこれを受理。日本は撤回を求めている。海図などの諸資料を正式に提出したことで、国際社会に対し、尖閣諸島周辺海域が自国の「領海」であることを明確に誇示した形である。

尖閣海域へ海洋監視船を派遣した国家海洋局の幹部は同日、朝日新聞の取材に「新たに定めた『領海』を明確に誇示する狙いがあった」と語った。中国側は今後、監視船や漁船による領海侵入などにより、「領有」の既成事実化を図る公算が大きい。郁志栄氏（国際海洋局東海海監総隊の副総隊長・中国海洋発展研究センターの研究員）は「**次は日本の海上保安庁の船を中国の領海から追い出さなければならず、小規模な衝突は恐れていない**」、中国外務省の洪磊・副報道局長は１４日の会見で「**釣魚島周辺は中国の管轄海域であり、正常な法の執行行為だ**」と述べた。
（5）2010年：７月国防動員法
①　中国国内で有事が発生した際に、全国人民代表大会常務委員会の決定の下、動員令が発令される。
②　国防義務の対象者は、18歳から60歳の男性と18歳から55歳の女性で、中国国外に住む中国人も対象となる。
③　国務院、中央軍事委員会が動員工作を指導する。
④　有事の際は、交通、金融、マスコミ、医療機関は必要に応じて政府や軍が管理する。また、中国国内に進出している外資系企業もその対象となる。
⑤　国防の義務を履行せず、また拒否する者は、罰金または刑事責任に問われることもある。
有事の際、中国で動員令が発令された場合に、日本にいるとされる40万人以上の中国人が暴徒化する可能性があるといわれる、現在、東京都だけで16万人を超える中国人が滞在している。これに対中国観光ビザ緩和も関わる。

⑸　参考文献・ＨＰ

『日本の防衛　防衛白書』防衛省／『平成 23 年度以降に係る防衛計画の大綱』防衛省／『国際連合憲章及び国際司法裁判所規程』国際連合東京広報センター／『国際判例研究　領土・国境紛争』波多野里望・筒井若水・東京大学出版会／『日本と国際法の 100 年　第九巻　紛争の解決』国際法学会・三省堂／『判例研究　国際司法裁判所』高野雄一・東京大学出版会／『小田滋先生古稀祝賀　紛争解決の国際法』杉原高嶺・三省堂／『J.G.メリルス　新版　国際紛争処理概論』長谷川正国【訳】成文堂／『国際司法裁判所　判決と意見第１～３巻』波多野里望・松田幹夫・国際書院／『世界の領土・境界紛争と国際裁判　外交交渉と司法的解決の採用を目指して』金子利喜男・明石書店／『国際紛争　理論と歴史　ジョセフ・S・ナイ・ジュニア・有斐社／『あるべき日本の国防体制』矢野義昭・内外出版／『歴史の研究Ｉ　トインビー著作集１』社会思想社／『民間防衛』スイス政府編・原書房／『国境・領土紛争』相崎由松・教育社／『文明の衝突』サミュエル・ハンチントン・集英社／『日本の領土』田久保忠衛・PHP 研究所／『守るべき人がいる』佐藤正久・ワニブックス／『ヒゲの隊長のリーダー論』佐藤正久・並木書房／『日本の国境』山田吉彦・新潮社／『日本国境戦争』山田吉彦・ソフトバンク新書／『尖閣戦争』西尾幹二・青木直人・祥伝社／『中国とアメリカと国際安全保障』畠山圭一・晃洋書房／『中国の戦略的海洋進出』平松茂・頸草書房／『中国の安全保障戦略』平松茂雄・頸草書房／『国防の常識』鍛冶俊樹・角川 one テーマ 21 ／『中国はいかに国境を書き換えてきたか』平松茂雄・草思社／『極東有事と自衛隊』自衛隊特別取材班・アリアドネ企画／『現代活学講話選集１　十八史略上・下　激動に生きる強さの活学』安岡正篤・PHP 研究所／『世界の紛争地図　最新ニュースの読み方』ロム・インターナショナル・KAWADE 夢新書／『「国境」から読む世界紛争史』ロム・インターナショナル・ベスト新書／『日本、買います　消えていく日本の国土』平野秀樹・新潮社／『国防の論点　日本人が知らない本当の国家危機』森本敏・石破茂・長島昭久・PHP ／『いまこそ日本人が知っておくべき「領土問題」の真実　国益を守る「国家の楯」』水間政憲・ＰＨＰ／『歴史に学ぶ日本の安全　主要七カ国のサバイバル戦略』村田勉・原書房／青山繁晴諸著作他多数

物鉱床のことである。日本プロジェクト産業協議会（JAPIC）が最新の調査データ等に基づき推定した結果では日本の熱水鉱床の埋蔵量は 7.5 億トンで、60 ％程度回収が可能とされ、含有されるメタル分は地金 80 兆円に相当する。総額 200 兆円とも言われ、世界第 1 位の含有量である。また、地底熱水鉱床の回収試算量に含有される金属成分を日本の消費量と比較すると、銅は 16 年分、銀と鉛はそれぞれ 180 年分、亜鉛は 240 年分に相当し、加えて 4000 トンの金やガリウム、ゲルマニウム等の回収が期待される。

④　海水中のウラン・コバルト・チタン・マンガン等

黒潮にのって毎年 520 万トンのウランが運ばれてきている。海水中のウランの 0.2 ％を回収できれば、日本の原子力発電の 1 年分をカバーすることができるほどの量である。実際に採取が進めば、日本はウランの輸出国にもなれる。採取する技術はすでに確立されているが、原子力発電所の事故があり、現在は自粛されている。代わりにリチウム等を採取する計画が現実化している。

⑤　水産資源：魚介などの水産物、海の生態系

我が国の水産物自給率は 60 ％前後である。年間約 300 万トン以上、1.6 兆円前後の水産物を輸入している。また、生産量の減少・停滞が産業競争力の低下を招き、それが一層の減少・停滞につながっている状況である。漁業生産システムの効率化、養殖業の積極的な展開、海洋バイオマスの生産・利用技術の開発が求められている。その状況下で、尖閣諸島沖、沖縄トラフ周辺の海が良い漁場となっている。日本の漁師の平均年収は 290 万円であるが、尖閣諸島沖で乱獲を繰り返している中国船漁師の収入は月に 500 万円、繁忙期にはひと月で 1300 万円にも及ぶという。中国では漁師の平均年収は国家公務員の 5 倍～ 10 倍にもなり、高収入の職業の一つである。

(6)日本の海峡

中国やロシアから見ると、日本列島は太平洋に出ていくにあたり障害となる存在である。どちらも海峡がほしい。ロシアは特に不凍港がほしい。津軽海峡は領海を 3 海里に設定しているため、中間を潜水艦で通ることが可能である。中国も同様である。南西諸島が邪魔になっている。沖縄・都島の間が広いから、潜水艦での移動ができる。その入り口にあるのが尖閣諸島であり、尖閣を自国領にできれば出ていきやすくなる。

地図を見るとわかるとおり、尖閣諸島以東は深さが急激に変わる。潜水艦が使えるし、いい漁場でもある。中国は沖縄トラフまではすべて自国のものだと主張しているが、日本は大陸棚法を根拠に中間線を主張している。

2　なぜ領土を守るのか？　世界の国境紛争、領土問題の歴史を学ぶ

なぜ守るか。イェーリングの言葉のとおりである。**国防は最大の福祉でもある。独立と平和を守るからこそ、国民の生命と財産を守ることができる。**

紛争は数多くある。第二次世界大戦後に限定してさえ、国境を巡る紛争には主として以下のものがある。

【アジア】第一次印パ紛争(1947 ～ 1949)、中印国境紛争(1959 ～ 1962)、西イリアン紛争(1961 ～ 1962)
マレーシア紛争(1963 ～ 1966)、第二次印パ紛争(1965 ～ 1966)、中ソ国境紛争(1969)、西沙群島紛争(1974)
ベトナム・カンボジア紛争(1977 ～ 1991)

【中東・北アフリカ】アルジェリア・モロッコ国境紛争(1963 ～ 1988)、イラン・イラク紛争(1980 ～ 1990)

【中部・南部アフリカ】エチオピア・ソマリア紛争(1977 ～ 1978)、チャド・リビア紛争(1960 ～ 1994)

【欧州】ナゴルノ・カラバフ紛争(1988 ～)

【米州】フォークランド(マルビナス)紛争(1982)

領土紛争は、地上にただ一つしかないものの主権の帰属先を争うことだから、交渉で解決するノンゼロサム・ゲームと、武力で解決するゼロサム・ゲームの性格を帯びやすい(木村汎・国際日本文化研究センター名誉教授)。

ちなみに、既に解決された領土問題のうち「裁判」によって解決された例には次のようなものがある。

①特設仲裁裁判所　「クリッパートン島事件」（フランス対メキシコ 1931 年判決）
②常設仲裁裁判所　「パルマス島事件」（アメリカ対オランダ 1928 年判決）
③常設国際司法裁判所　「東部グリーンランド事件」（デンマーク対ノルウェー 1933 年）
④国際司法裁判所　「マンキエ・エクレオ諸島事件」（イギリス対フランス、判決 1953 年）

「国境地区の主権に関する事件」（ベルギー対オランダ 1959 年）／「プレア・ビヘア寺院事件」（カンボジア対タイ 1962 年）／「国境紛争事件」（ブルキナファソ対マリ 1986 年）／「陸地、島および海の境界紛争に関する事件」（エルサルバドル対ホンジュラス 1992 年）／「領土紛争事件」（リビア対チャド 1994 年）／「カシキリ／セドゥドゥ島事件」（ボツワナ対ナミビア 1999 年）／「カタールとバーレーンとの間の海洋境界画定及び領土問題に関する事件」（2001 年）／「カメルーン・ナイジェリア間の領土・海洋境界画定事件」（2002 年）／「リギタン島およびシパダン島の主権に関する事件」（インドネシア対マレーシア 2002 年）／「国境紛争事件」（ベニン対ニジェール 2005 年）／「ニカラグアとホンジュラスの間のカリブ海における領土及び海洋紛争」（2007 年）／「ペドラブランカ／プラウバトゥプテ、中央岩及び南暗礁に対する主権」（マレーシア対シンガポール 2008 年）

以上は決着した国境問題であるが、スプラトリー諸島（南沙諸島）は、中国、台湾、フィリピン、ベトナム、マレーシア、ブルネイ（海域のみ）が領有権を主張し、パラセル諸島（西沙諸島）は中国が実効支配しているが、ベトナムが領有権を主張するなど、未解決の国境問題は未だ多くある。

いずれにせよ、国家によって占有の意思を表示し、その占有が実効的であり、自らがその秩序を維持することを行わねばならない。

領土紛争には限らないが、過去国際司法裁判所に為された提訴は 124 件であり、うち解決された数 103 件、係属中 11 件、未解決 10 件である。このような数字を教える必要もある。

3　領土問題、七つの紛争パターン

領土問題の原因は七つに分類される（杉山茂雄・法政大学教授）。

①条約の不備によるもの（中ソ国境、中印国境、西イリアン等）
②戦後処理の不手際によるもの（沖縄、北方領土、エル・チャミザール紛争等）
③先占の実効性に関わるもの（尖閣、南沙、マンキエ・エクレオ諸島、パルマス島等）
④国家としての承認に関するもの（イスラエル、英国・グアテマラ間のベリーズ、パレスチナ等）
⑤政府としての承認に関わるもの（台湾等）
⑥分裂国家に関するもの（東西ドイツ、朝鮮半島）
⑦旧委任統治領に関するもの（ナミビア）

これらを教えることが、子どもたちに「判断のものさし」を持たせることになる。

4　日本の領土は狙われている　中韓露の戦略、日本の国防の実際
本時では特に「中国の戦略」第一列島線・第二列島線と中米太平洋二分割案を取り上げる。

（1）第一列島線

もともとは冷戦時代に、日米を始め西側諸国が中華人民共和国を封じ込めるための戦力展開の目標ラインであった。その後、1982 年、当時中国最高指導者であった鄧小平の意向を受けて中国人民解放軍海軍司令員・劉華清が中国人民解放軍近代化計画として打ち出した。さらに、1997 年に石雲生が海軍司令員に就任し、近海海軍への変革を本格化。「海

4 サークルでの検討で授業が変わる

サークルで授業を検討するとはいかなる作業なのか。

検討を経ると、授業がどう変わるのか。

その具体例を一つ提示したい。

我がＴＯＳＳ埼玉志士舞（ＮＰＯ法人埼玉教育技術研究所）の五味田昌弘氏のレポートである。五味田氏は私の俳句の実践を参考に、技量検定の授業を作り、受検した。以下、彼のレポートを引用する。

1 検討前の授業展開

一句目の俳句を表示する。【蚊帳を出てまた障子あり□の月】
発問1 □の中に季節が入ります。春、夏、秋、冬。
指示1 答えをノートに書きなさい。（夏）
発問2 テキストのどの言葉から夏だと考えたのですか。（蚊帳）
説明1 国語では、必ずテキストに根拠があるのです。
二句目の俳句を表示する。【□木立寒雲北に滞る】
発問3 □の中に季節が入ります。
指示2 答えをノートに書きなさい。（冬）
発問4 どの字から冬だと考えたのですか。（「寒」という字）

発問5　テキストに必ずあるもの、なんだったか覚えていますか。（根拠）
三句目の俳句を表示する。【□嵐机上の白紙飛びつくす】
発問6　□の中に季節が入ります。
指示3　答えをノートに書きなさい。（夏）
指示4　書けた人は、なぜそのように考えたのか、意見をノートに書きなさい。
指示5　どれか一つに手を挙げなさい。春だと考えた人。
発問7　「飛び尽くす」とありますね。窓はどれくらい開いていると考えられますか。（全開）
説明2　そう、夏なのです。「夏嵐」とは、夏にさっと吹く突風のことを言うのです。
説明3　今日見たように、国語では答えの根拠が必ずテキストにあるのです。
これから一年間、常に根拠を見つけて考える姿勢を身につけていきましょう。
これで授業を終わります。

2　検討後の授業展開

三句目を【□の夜は明けれど明かぬまぶたかな】に替える。
発問6　□の中に季節が入ります。答えをノートに書きなさい。（夏）
指示4　書けた人は、なぜそのように考えたのか、意見をノートに書きなさい。
指示5　どれか一つに手を挙げなさい。春だと考えた人。
（それぞれの立場から、意見を発表させる）
発問7　話者は『ようやく夜が明けた』と考えているのか。『もう明けてしまった』と考えているのか、どちらですか。（後者）

指示６　読みます。（「短夜」「明早し」「明急ぐ」）
説明２　これらはすべて夏の季語です。俳句で夜の短さを惜しむのは夏なのです。
説明３　今日見たように、国語では答えの根拠が必ずテキストにあるのです。
これから一年間、常に根拠を見つけて考える姿勢を身につけていきましょう。
これで授業を終わります。

3　授業検討過程

昨年末、埼玉合宿にてD表検定を受検し、二十四級に昇級することができた。

その時作った授業では、次のことを目標にした。

「授業を通して、高校生にテキストを根拠にして考えるという姿勢を身につけさせること」

この目標を達成するために、三つの俳句を選び、授業を展開することにした。

①　蚊帳を出てまた障子あり□の月
②　□木立寒雲北に滞る
③　□嵐机上の白紙飛びつくす

□の中にはそれぞれ季節が入る。これらの俳句を順番に提示していき、なぜそのように考えたのか、根拠をテキストの中から探させる。
①の俳句では□に「夏」が入る。根拠となるのは、「蚊帳」という単語だ。
同じように②の俳句でも季節を答えさせる。答は「冬」。根拠となるのは「寒雲」という単語。

ここまでで「できる」を重ねて、最後の俳句で考えさせ、それぞれに本文を根拠にした意見を発表させることを意図していた。

③の俳句に入る季節は何か。

答は「夏」だ。自分が根拠としたのは「飛びつくす」という言葉である。

「窓はどれくらい開いているのか（大きく開いている）」

「窓を大きく開けるのが一番多い季節はいつか（夏）」

そのように発問することで、授業の最後には意見を収束させる予定だった。実際に子サークルで授業を行ったときには意図したとおりに進行をしたので、これで後は練習を重ねるだけだと判断した。

年末、志士舞は例年通りのセミナーウィークだった。二十三日に夢現塾、二十四、二十五日にかけて埼玉合宿、その後は中学ＪＡＰＡＮセミナー、そして志士舞合宿と続く。

二十二日、セミナーウィーク開始直前の志士舞例会で検定の授業を行った。

長谷川氏からは、「形は悪くない」というコメントの後、最初の発問についてアドバイスをいただいた。

第一発問、「（教員が読んだ後）□に入る季節は何ですか」に対して、「いきなり指名して読ませた方がいい。読めないところは『何とかでいい』と、フォローをすればいい。それから、発問をもっとわかりやすくする。『□の中に季節が入ります。春、夏、秋、冬。答えをノートに書きなさい』」

さらにそこから、長谷川氏は次のようにアドバイスをしてくださった。

「主発問、根拠が弱い。『春』だってあり得る。春を打ち消す根拠がない。根拠に基づいて論じさせることがこの授業の目標なのに、授業の終盤でロジックが崩れてしまっている」

「別の俳句に替えた方がいい」

えっ、とつぶやいた気がする。残り二日間。それも、セミナー、合宿と予定が入ってしまっている二日間だ。実質的な教材研究の時間はほとんどない。

「わかりました」

とりあえず、そう返事はしたものの、どうしたらよいかのイメージはまったく浮かばなかった。

例会を終えた後の食事の合間に、また帰りの電車の中で、サークルの仲間から沢山支えていただいた。

「自分も検定の直前で授業の組み立てを大転換した。がんばろう」

「夢現塾の前に、まだ検討ができる」

そうして実際に、夢現塾の前にファミレスで検討をしてもらった。

合宿の初日、ブレストが終わった後も朝の五時近くまで検討に付き合ってもらった。自分も検定を受ける立場だったにもかかわらず、助言をしてくれた先生もいた。

最後の俳句は、次のものに替えた。

④　□の夜は明けれど明かぬまぶたかな

□の中に季節が入る、というのは一緒。答は「夏」だ。根拠は後半の七・五の部分である。当日の検定では、意見が「春」派と冬派に二分された。

それぞれに理由を発表してもらった後で、「話者は『ようやく夜が明けた』と考えているのか、『もう明けてしまった』と考えているのか、どちらですか」と、尋ねた。全体が、後者と答えた。そこで「短夜」「明早し」「明急ぐ」など、夏の季語をいくつか紹介し、「俳句で夜の短さを惜しむのは夏である」と、説明し、授業を終えた。検定ではじめて、会場から感嘆の声をもらうことができた。

授業を終えた後、会場の最後尾で、授業作りを手伝ってくれた先生とハイタッチをした。とてもありがたく、嬉しかった。

検定を終えた後、埼玉の向山一門である木村重夫氏、小森栄治氏、長谷川氏のミニ講座があった。長谷川氏のミニ講座で、自分の検定の授業を取り上げていただいた。

「私は彼に教材を替えた方がいい、と助言した。しかし、具体的なことは伝えなかった。それを教えれば、授業自体は簡単に変わる。でも、それでは私（長谷川）の授業になってしまう。彼は自分で考えて、少なくとも会場の意見を二分し、会場を納得させた。それは彼の成長につながったはずだ」（文責　五味田）

わざわざ取り上げてもらったことが嬉しくて、泣きそうになった。一所懸命やって本当によかったと思った。

長谷川氏に限らず力ある先生の指示や助言には、こちらから想像もつかない意図や意味があるのだと思う。授業のことに限らず、さまざまな場面での指示や助言をまっすぐに受け止めて実行し、もっともっと腕をあげられるように努力を続けたい。

五味田氏がサークルに参加した当初、私の指導の中心は彼の教態であった。教態とはたとえば立ち方、歩き方、指名の仕方、目線の投げ方、体の向け方などである。語尾の曖昧さや「えーっ」「あのー」といった口癖も指導した。

それが今では、「授業内容」の指導をするようになった。正しい教態が身についたゆえ、内容を話題にできるようになったのである。

取り上げた授業で、私は「指示の言葉」と「主発問に用いる句の不適切さ」、そして「授業を貫くロジックのブレ」を指摘した。これで、授業が変わるのである。検定本番、彼は授業を楽しんでいた。

このような修業を、私たちは毎週行っている。週末にはセミナーや学習会に参加したり、主催したりするから、月に五、六回は顔を合わせ、学び合っている。

そこにいる誰もが、一人残らず、授業の腕をあげている。

ＴＯＳＳのサークルは全国津々浦々にある。まだ未体験の方はぜひ門を叩いてほしい。きっと役に立つはずである。

第4章

模擬授業で教室の
発達障害児への対応力を磨く

1 授業を「崩す」子役を置く

1 模擬授業の場を教室の現実に近づける

模擬授業に挑戦した当初は、子ども役の教師たちの前に立っただけで頭が真っ白になる。用意してきた発問・指示をそのまま口にするのが精一杯である。目線を合わせることすら危うい。

それでよい。誰でも最初はそうである。

そのうち慣れてきたら、ぜひ取り組んでほしいことがある。


ヤンチャな子どもやボーっとする子どもの役を置くことである。


模擬授業の場を、教室の現実に近づけるということである。

子役の教師たちは優秀である。静かに話を聴くし、集中は乱さないし、発問や指示にも素早く反応する。

しかし、教室の子どもたちはそうではない。

さまざまな子どもたちがいる。さまざまな出来事が起こる。特に、公立学校ではそうだ。

そういう状況で日々授業をしているのが、私たち教師である。

それなのに、模擬授業の子どもたちがただただ優秀であっては、現実と乖離してしまう。

ゆえに、授業を「崩す」子役を置くのである。

TOSSでは十年前から発達障害の子ども役を置いた模擬授業に取り組んできた。

ＴＯＳＳに学ぶ私も、サークルで、セミナーで、同じことに挑んでいる。

サークル例会での様子を、若手三人にレポートしてもらった。模擬授業の場面をイメージしながら読んでほしい。

２　内海淳史氏の体験談

私が行った模擬授業は、小学二年生算数「１００cmをこえる長さ」であった。予告なく、発達障害の子役「長谷川君」が現れた。

この子ほど常にしゃべったり、不規則発言をしたりする子を、今まで担任したことはなかった。不規則発言に対して、私はただ聞き流し、先に進めることしかできなかった。

「１ｍ＝１００cm」と教科書に書いてある場面。「１００cmは他の言い方で何と言うかわかる人」と聞いた。

「はい、はい、はい」という「長谷川君」を指名した。

「１００ｍです」

私はそれに対してただ笑うだけだった。何も対応せずにそのまま進めること以外、考えが浮かばなかった。

そこでストップがかかった。

「せっかく発言したのだから、褒めなくちゃ」

すぐに再開する。私が言った言葉は、「長い」。そのままだった。褒めてもいない。ただの感想である。

その後、すぐに長谷川氏が代案授業をした。

「１００ｍです」

「惜しい！　『ｍ』は合っている！」

私は「なるほど！」と納得した。目の前が一気に明るくなった。

現場では、子どもたちは待ってはくれない。一瞬の間に適切な対応がとれなければならない。対応の言葉の適切さ以上に、重要だと感じたことがある。

それは、その教師の醸し出す雰囲気だ。

その時の長谷川氏の表情には、ある種の真剣さがにじみ出ていた。恐いとか硬いとかいうわけではない。授業に参加しない子どもの意識をこちらに向けさせるのだ、というような雰囲気が出ていた。

「この先生は何とかしてくれる。ちゃんとやろうと思わせてくれる」

「この先生には下手なことはできないな」

そのように子どもに思わせる表情だった。

それは普段から全員をこちらに向かせようと努めているからこそ、にじみ出てくるものなのだろう。

それにしても、子どもにしてみれば、ふざけて言ったつもりが褒められたものだから、面食らっただろう。まさに想定外だ。

このような対応の積み重ねで、その子の自尊心を高められるかが決まる。さらにいえば、学級を統率できるか、そこからほころびて崩壊していくかが決まると感じた。

3　兵藤淳人氏の体験談

学生の時からサークルやセミナーなどで模擬授業に挑戦してきた。検定も何度も受けてきた。その中で、一番プレッシャーがかかるのが、志士舞サークルでの模擬授業である。

知っている先生に見られること、その目が厳しいことももちろんある。しかし、何より大変なのが、子役に長谷川氏（以下、長谷川君）がいることである。

歴史で、戦争（白村江の戦い）の授業を行ったときのことである。「あなたが中国の王様なら、次はどこを攻めますか」と発問をした。

「はい、はい」と長谷川君が手を挙げているので指すと、「僕は○○だと思います。なぜなら、この当時の中国は……で、そのときは△△で……」と、ヤンチャに、しかも延々としゃべる。発言が止まらない。しかも、話している内容が知的でレベルが高く、授業をしなければいけないのに、「なるほど」と感心してしまう。

また、その後、絵の読み取りをさせると、「先生！　こいつ絶対変だよ！　裸で走り回ってるよ！」と、絵に描かれている人物を指して、次々と、突発的に発言をする。

そうなると、頭の中が真っ白になる。どう対応したらよいのかわからないし、次の展開も飛んでしまう。

さらに、長谷川君の意見に他の子役の先生方も同調する。思わず、「わざとふざけて妨害しているのでは」という考えが浮かんでしまうくらいだ。

発達障害の生徒に正しく対応できないと、その生徒の行為が授業妨害へも発展してしまうということだ。それを毎回の例会で学んでいる。「減らしたい行動は無視する」「セロトニン5※を意識する」などの、発達障害の対応スキルは知っている。しかし、それを意識して長谷川君に対応できたことはほとんどない。「知っている」と「できる」の差を毎回痛感させられる。

他の先生の授業で長谷川君が大活躍（？）したあと、長谷川氏は次のように述べていた。

「こういう子、クラスにいませんか。私が授業しているクラスにはいますよ。そういう子もちゃんと授業を受けられるようにするのが特別支援ですよ（文責　兵藤）」

模擬授業に挑めば、毎週、身をもって特別支援について学ぶことができる。今後も例会でできる限り授業に挑戦する。

※「セロトニン5」とは、脳内でセロトニンが出るように促し、扁桃体の機能を高める教師の授業スキルのこと。平

山論氏が提唱している。みつめる・ほほえむ・はなしかける・さわる・ほめるの五つ。

4　森田健雄氏の体験談

サークルの先生が「今から描く絵を見て、何の漢字のもとになっているのか答えなさい」と指示をした。描かれた絵を見て長谷川氏は言った。「パン」

確かにパンの形に似ていた。その答えを聞いて驚いたが、そういう子は自分の学級にもいると感じた。感じたことを平気で言ってしまう子である。悪気があるわけではない。思ったことを言っただけなのだ。例会の模擬授業で、長谷川氏はそのような子どもを役を演じてくれる。

「パン」という発言を受けて、模擬授業をしている先生はどうしたか。何もしなかった。怒るわけでも、反応するわけでもなく、授業を続けていた。長谷川氏はその後、授業に普通に参加していった。

長谷川氏の発言に動揺していちいち反応していたら、授業をひっかきまわされてしまっていただろう。模擬授業をした先生は教室でも同じように対応していたから、瞬時の対応ができたのだと思う。

子役をしている長谷川氏が、急に指示に従わずに、自分の言いたいことを言いまくる時がある。それは次のようなときだ。

> ①　楽しい気持ちが頂点に達し、そのことしか考えられなくなった時。
> ②　指示が曖昧で、何をしたらいいのかわからなくなった時。
> ③　教師が話ばかりしていて退屈になってしまった時。
> ④　納得のいかない対応をされた時。

その発言に周囲も引っ張られ、授業が崩れてしまう。

私は長谷川氏が子役をしてくれる模擬授業に初めて挑戦したとき、「もっと真面目に授業を受けてほしい」という気持ちになった。だが、まったく同じ現象が学校の授業でも起こったのだ。その時、普段の自分の対応のまずさを反省した。

長谷川氏は楽しい授業や思考場面が多い授業では、奇抜な行動をあまりしない。また、何か奇抜な行動をしたとしても、瞬時の対応が上手くいっていれば、その後は普通に授業に戻ってくる。

どうしても叱らなくてはいけない場面では、叱った後に、本人が直そうとしたら褒めるとよいと教わった。実際に学級でそのように対応すると、上手くいくことが多かった。

長谷川氏の子役はただ闇雲にやっているわけではない。Aという発問がわからなかったからBという行動をしてしまった。Cという対応があったからDという行動をしてしまったというように、必ず意味がある。

なぜそういう子役ができるのか。長谷川氏は現場でさまざまな対応をしてきたからだと思う。上手くいかなかった時は次の対応をする。それでも駄目ならまた次の対応をするというように、経験を積んできたのだろう。

5　子役に挑戦してみよう

私が務める子役は、発達障害の診断の下りた子どもたちに限らない。

通常学級にいる、衝動性の強い男子や多動の子ども。注意欠陥の症状の強い子ども。自閉傾向の強い子ども。そういう子どもをイメージして、授業を受ける。

「あの子はこうだった」「このような行動パターンを持っていた」と具体的に意識して、授業者の発問や指示に反応していく。授業後には実例を挙げてコメントをするよう努めてもいる。

私も小さな失敗ならたくさんしてきた。その失敗を失敗のままに終わらせず、血肉化しようとしてきた。

「どうしてあの子はあのような反応をしたのだろう」「なぜ取り組みを止めてしまったのだろう」「あの場面であの子を活躍させられなかったのはなぜだろう」「今日はあの子の笑顔が見られなかった」演じたりコメントをしたりする際には、このような、自分がしてきた失敗と、その反省が活かされている。

何事も、最初から上手くいくことはない。上手くいくまで努力を続けること。それが一番だ。子役についてもそれは同じだ。完璧でなくてよい。授業者のために、授業者の向こうにいる子どもたちのために、あなたが挑戦してみよう。

2 「あの子」をイメージして授業する

1 龍馬君冊子を校内研修で活用しよう

二〇一一年十二月に勤務地の小学校で開催された「地域非行防止ネットワーク会議」。その最後に、市福祉課の家庭教育相談員が挙手し、「この冊子がとてもよい。ぜひ皆さんに読んでほしい。長谷川先生に言えば安く手に入るかな」と紹介してくれた。

冊子とは、『発達障がい児本人の訴え』（東京教育技術研究所）である。二〇一一年一月に発行され、全国の心ある教師たちや医師、保護者の手に渡った。同年十一月には朝日新聞でも大々的に報じられた。

私は発刊後すぐさま購入し、十二月に校内研修で活用した。あらかじめ「中学で良くある場面」に付箋を貼っておき、研修では場面場面を読み上げていった。そして、一ページごとに短く補足をした。補足の内容は、似た場面の描写である。

同じ子どもたちの教育にあたっている同僚のうなずきが、徐々に大きくなっていく。メモを取る速度が上がっていく。

冊子に書かれていることは、私たちの教室で、私たちの目の前で起きていることなのだ。

子どもが、どこで、なぜ、どのように苦しんでいるのか。冊子の著者である「龍馬君」の訴えを通して、私たちは目の前の子どもの苦しみを理解した。

その後、『発達障害の子どもたち』（杉山登志郎　講談社）と、『〝就学時健診〟から組み立てる発達障害児の指導』（長谷川博之編　明治図書）を基に、適切な対応の種類と方法とを具体的に話した。

終了後、校長、教務、一年主任、一年担任、二年担任の五人が質問や相談を寄せてきた。順々に対応していった。すべてを終えた後、職員室に向かって歩きながら、ある人が言った。

「ああやって残って質問に来る人たちは、意欲がある。『できて』しまった人は、もう変わらない。自分から来る人は、変わる。現状をどうにかしなくちゃと思っているんだろうから。自主的な研修をするのはもちろんのことだけど、校内研修ももっと組んでいこう」

後日、職場のほぼ全員が冊子を購入してくれた。「本はほとんど読まないんだけど」と言いながら買ってくれた方もいた。発達障害児本人の訴えであるこの冊子には、それだけの「力」があるということだ。発達障害を学ぶ際の取っかかりとして優れたツールなのである。

まだ研修で活用していない読者があれば、実践することを強く勧める。自分の学びを、同僚に広め、学校に特別支援教育の体制を築き上げることもまた、大切な仕事である。

2 校内模擬授業研修でスキルを共有する

中学校は教科担任制である。週に三時間しか学級の生徒との授業がない、ということもざらにある。だから、担任一人が特別支援教育の対応スキルを持っていても不十分である。

現場では、ある教師の授業では努力するが、その次の時間、別の教師の授業になると生徒が一八〇度違った態度になる、という事実も少なくない。並以上の授業のその次の時間には授業が崩壊している、という状況もある。

その場合に耳にするのが、「人間関係をつくることが大切だ」という一言である。これは、間違ってはいない。要は「つくりかた」である。

正道は、「授業中に信頼関係を築く」ことである。

授業力の問題だという視点が欠如していては、事態は改善しない。授業で生徒との関係を築いていく上で、特別支援教育の知識・スキルを持つ、持たないの差はきわめて大きい。

ゆえに、職員全員を巻き込んだ対応スキルの研修会が必要となる。私は異動したその年の夏季休業中に、特別支援教育の校内研修を担当した。

(1) 基礎的な知識を演習形式で学習する。
(2) 基礎的な対応スキルを模擬授業で示す。

これが第一回研修の内容だった。

第二回研修では、スキルの学習とともに、個別のケースでよい結果をもたらした対応スキルを共有し合うという活動も行った。

その上で、学んだ知識を技能化すべく、模擬授業研修とリンクさせた。

研修システムとして確立し、「確かに授業が変わった」という事実で賛同者を増やせば、担当者が私でなくなった後も、特別支援教育の知識や対応スキルが受け継がれていくと考えてのことだった。

七年が経過した今も、この研修は継続されている。

3　気になる「あの子」を意識して授業する

百回以上読み込んだ『授業の腕をあげる法則』。今では後輩の指導や職場の研修で、自分と周囲の教師との「授業を語るための共通コード」とすべく活用している。

特にアピールするのは「授業の原則十カ条」。「十カ条」は主義主張を超えて理解される。「十カ条」を知っている人たちとの授業検討は、実のあるものとなること確実なのである。

赴任当時、勤務校では多くの授業が荒れていた。騒がしく、指示が通らず、できる子もできない子も不満を抱えている状況が続いていた。いわゆる授業崩壊である。改善の見込みは薄かった。

私は、毎月二回来校する臨床心理士に全学級のスクリーニングを依頼した。チェックシートを用いた調査で予め「気になる子」をピックアップしておき、カウンセラーにはその資料を渡して「確認」と「見落とされている生徒の発見」をお願いしたのである。

結果、明らかに要支援と判断された生徒が、どの学級にも複数名存在した。その結果を職員にも報告した。「確かにそう言われれば」「あの子に引っかき回される」などの声が聞かれた。

それと並行して、第一回模擬授業研修に向けての準備を始めた。職員会議で「校内研修部から」として一枚の資料を配付、提案した。資料には「授業の原則十カ条」と、R・A・バークレー氏の「ADHD児童のための12の原則」（コラム②26ページ参照）とを併記し、「十カ条」を身につけることを一年間の研修テーマにしていくことを主張したのである。結果、年二回の要請訪問（指導主事を招聘し全職員が参観する）と指導主事訪問（全学級公開授業）、そして模擬授業研修では、「十カ条」を「意識して」行うことが可決された。

翌年もその方針を踏襲した。模擬授業研修を通し、「十カ条」が授業成立に必須の条件であることを理解してもらうこととした。毎回私を含めて四人が授業した。教科も年数もさまざまだが、「十カ条に則っているか」

にポイントを限定しているので、研修に実効性があった。

また、一般の研究授業後の協議会のように、参観者も意見や批判を言いっぱなしではいられなかった。次は自分自身が授業をしなくてはならないからである。

年に数回の模擬授業だけでスキルが身につくことは難しいが、

「全員模擬授業」と銘打つことで、日々の授業で自主的に改善の努力が為されるように仕組んだのである。

プライドを刺激する。これもまた授業正常化のためのしたたかな布石であった。

第三回研修会には、当時蓮田南中学校教諭であった、ＴＯＳＳ向山・小森型理科代表の小森栄治氏を講師として招聘し、模擬授業を指導してもらった。どの教科にも的確にコメントをする小森氏の力量に、参加者一同大いに驚き、真剣に学んだ。小森氏は自らも模擬授業を披露し、教員の仕事を「寿司職人」にたとえて話をしてくれた。終了後、職員室では模擬授業の話題に花が咲いた。

最近の模擬授業研修では、「一年一組のＡ君」「三年二組のＢさん」のように、子どもの姿を具体的にイメージして子役をしたり、コメントをしたりするよう工夫している。これがよい。指導の工夫と、子どもの特性とを具体的に示すことで、同僚にも研修の価値がスムーズに理解されるのである。

4　人的環境を整える技量を磨く

学年・学校のすべての子どもに順調なスタートを切らせる。そのために、春季休業中、小学校から送られてくる要録を読み込む。そこに記されているのは限られた情報だから、足を運んで訊く。小中連絡会があれば、質問事項を用意して臨む。加えて、私は毎回、小学校の卒業文集を譲り受け、そこに書かれた「夢」と顔写真とを記憶する。出会いで褒めるために、材料を探すのである。

次に行うのが環境づくりである。教室環境を整える。初日から混乱させたり、失敗体験をさせたりしないよう、細心の注意を払う。

さて、我々が「気にするべき」なのは、発達障害の子どもたちだけではない。場合によってはよりいっそう留意して指導、支援すべき子どもたちがいる。

それは、

特別支援を要する子を取り巻く子どもたち

である

私はある公的研修の講師の話に触発され、十年以上にわたり関わってきた子どもたちの行動を列挙し、以下のように分類した。

（1）問題となる行動を模倣する子
（2）特別支援を要する子を故意に刺激する子
（3）1や2の子どもを陰でコントロールする子
（4）学級のトラブルを期待する子
（5）意図的に「反抗してみせる」子
（6）特別支援を要する子を排除しようとする子

（1）は本人も特別支援を要する子である場合が多い。
（2）はいわゆるいじめっ子である。
（3）は知的に高いが、愛情不足の子に多い。
（4）は学級によって想像以上に多くいる。荒んだ環境にあっては、一見真面目に見える子がこのような「裏の顔」を持つようになる。
（5）は特に中学に多い。反抗することで特別支援を要する子を不用意に興奮させる。誤ったモデルとなる。
（6）は特に行事など勝敗が分かれる場面で表れる。自分の学級の勝ち負けだけを追う教師は思いのほか多く、そういう学級の子どもは「できない子」を排除することが多い。
以上の子どもたちに共通するのは、小学校時代からの失敗体験、家庭の崩壊、人間関係のトラブルなどが原因で情緒がこじれていることである。感情のコントロールが困難になり、偏りや激しさが表に出ている。気持ちの乱れが生活に支障を来たしている子もいる。
これらは、発達障害の特性だけに注目していては見えてこない。そんな彼らが特別支援を要する子の言動をも悪化させる。それが通常学級であり、現場である。
安定した学級であれば、発達障害の子どもも情緒障害の子どもも温かく見守られ、安心して成長していく。だからこそ、担任として最も大事な仕事は、「学級を安定させること」なのである。

人的環境を整えること。

これが、現場の最優先課題なのである。

この課題をどう扱うか。一例を挙げる。

校内研修であれば、まずは（1）から（6）のような傾向を持つ子を、所属学級と氏名を示しつつ、確認する。

次に、「言葉を削る」「説明でなく活動を通して理解させる」「変化のある授業をする」「テンポよく発問・指示を出す」などの、対応の共通点を確認する。

それから個別の案件に入る。「いつ、いつ、どこで、こんな出来事があった」と、事例の情報を共有する。

そして、本人の行動パターンと、想定し得る原因と、適切な対応とを提示して、意見を出してもらう。

その上で実践である。

知識の共有で終えては、残念ながら、現実を変えることはできない。

知識を使いこなす場を設定する必要がある。

その一つが模擬授業研修である。

改善すべき傾向を持つ子どもたちをいかに活かすか。スポットライトを当てるか。褒めるか。

その視点で授業を作り、模擬授業をする。毎日の子ども相手の授業も、原則十カ条に則るように、できない子ができるようになるように、改善の努力をする。

そのような具体的な努力の積み重ねで、授業は安定し、子どもたちの学びの姿勢も改善されていくのである。

3 学習意欲を育む術を身につける

1　崩壊を経験し、修業を開始する

「学年の子どもたちの九割以上が荒れてしまっています。学年集会で主任以下誰が話をしても、ざわざわが止みません。授業は学年百四十名、ほぼ全員が突っ伏したり私語をしたり、漫画を読んだりしています」

県北の中学校の教師がサークル例会に見学に来た。坊主頭、見るからに部活熱心という感じの方だ。教科は体育。偶然、私の知り合いの同期だった。

部活だけが自信の支えなのだという。

授業は、学活も道徳も保健も、崩壊状態だという。

それは他の職員も同じで、子どもたちがどんどん荒んでいくというのだった。

ひととおり事情を聞いた後、私は指導の大枠を示した。

学年が崩壊する主原因は、これだ。


中間層を維持できないこと。


教師は手のかかる子に時間とエネルギーを奪われる。精神的に疲弊する。

そうすると、淡々とやるべきことをやっている子、物言わぬ多くの子どもたちに目が届かなくなる。声をかける回数が減る。努力を認め、褒める言葉、ねぎらいの言葉も減っていく。結果として、子どもたちは不満をためていく。

一方で、教師がそれだけ手をかけても、該当する生徒たちは指導に従おうとしない。教師をなめてかかる。こちらをわざと怒らせたり、疲れさせたり、集団を騒がしたりする言動を意図的にするようにもなっていく。

そんな生活が一週間、一カ月。いつまで経っても指導の成果が見えない状況を見て、不満をためたその他大勢の子どもたちの中から、「私だって」「俺だって」と少しずつ崩れていく者が出てくる。

「言うことを聞かせられないじゃないか」

「教師なんて頼れないじゃないか」

「先生は不良に甘いじゃないか」

きちんとやっていた子の中にも、そういう愚痴・不平不満を口にする者が出てくる。教師の指導が通らなくなっていく。

学級が騒然とし、学年集会で主任が話をしようとしてもおしゃべりが止まない、それどころか集会中に体育館の後ろでサッカーをしている者たちがいる、という状況に墜ちていく。

その具体例を、まずは短く語った。

次いで、我がサークルのレポート検討や模擬授業を見てもらった。

「こんな世界があったのですか」

「授業は、こんなにもわかりやすくなるものなのですか」

一つひとつに驚いていた。

その後深夜まで、私は質問攻めにあった。

「どうすれば話を聞かせられるのか」

「どうすれば授業で寝させずにすむのか」

「どうすれば歌を歌わない子に歌わせられるのか」
「どうすれば掃除をするようになるのか」
「どうすれば服装を正させることができるのか」
「どうすれば人間関係を築けるのか」
「子ども同士の人間関係を強くするにはどうしたらいいか」
「崩壊している授業でまず何をしたらいいか」
「親御さんとの連携をどうするか」
「発達障害の子どもたちの非行にどう対応するか」
「関係機関には、誰がどう報告・連絡・相談したらいいか」……

こういうことを次から次へと問われた。話した。私は淡々と応じた。私自身が実践をくぐらせて、手応えを得た考え方や方法を紹介した。抽象的になりがちなところはスポーツに喩えた。

その先生はノートにびっしりメモを取っていた。何度もお礼を言われた。

最後に伝えた。

「わかるのとできるのとでは違います。できるようになるまで、指導を受け続けることが大切です。次回も来てみてください。道徳の教材を持ってくれば、みんなで授業を検討しますからね」

授業を、学級を立て直そうとする時、大事なのは、教師自身が学び続けることだ。

学ぼうとする熱を、持ち続けることだ。学びの手を止めない限り、道は開けてゆく。

その先生は現在、私の志士舞サークルで学んでいる。仕事が楽しくてしかたがないという。

2　皮肉はご法度である

授業中に注意すると、逆上して机やイスを蹴り飛ばし、壁を殴って教室を出て行く。廊下から壁をけりつける。掲示物をすべて引き裂く。机に突っ伏す。隠れて漫画を読んだりケータイをいじったりする。

そういう生徒が複数いるのが中学現場である。

そういう状況で「中間層」を維持できないと、学級のみならず学年全体が崩壊する。学習意欲が浮き沈みしがちなこの「中間層」を安定させることが先決だ。

事態への対応で最も重要な時間が、授業である。授業で「生徒指導」をする。

授業中の教授行為で、生徒個々の自己肯定感（セルフ・エスティーム）を高め、心身を安定させる

のである。

授業で子どもたちの自己肯定感を育てる。そのために我々教師が為すべき対応が大きく三つある。

一つ目は、

皮肉を言わないこと

である。

「こんな問題もできないのか」「小学生にだってできるじゃないか」「そんな態度では成績がつかないぞ」

こういう言葉を吐く教師がいる。

私自身も、腹に据えかねることがあると、口にしてしまいそうになる。

だが、これはご法度だ。こういう言葉の対象となるのは、いわゆる「荒れを背負った生徒」であることが多い。彼らは学習で成功体験を積んでこなかった、十分傷ついてきた子どもたちだ。

そこに追い討ちをかけて彼らの自己肯定感を傷つける行為は、百害あって一利なしである。

同時に、無駄な言葉を口にしないのも重要だ。長々とした説明も、言うたびに変化していく発問や指示も、受けねらいのくだらないギャグも、そして今述べた皮肉も、すべて「無駄な言葉」だ。

無駄だというのは、

「言っても言わなくても効果が変わらないこと」「言うと事態が余計に悪化すること」

という意味だ。無駄なことにエネルギーを費やす余裕はない。

3　「教えて、褒める」を貫く

我々のエネルギーと時間は、これを成就するために使う。

教えて、褒めること

これが第二の対応だ。

「教えずに叱責する」教育が蔓延しているが、教師がそれをするのは犯罪に近い。評価の観点がどうだという議論の前に、この「教えて、褒める」を実践の基本方針とすることが大前提である。

たとえば、言われたことをやらなかったり、作業速度が遅かったり、勝手なことをしていたり、そういう生徒たちに対しては、どうしても注意や叱責が多くなる。

だが、それでは教室全体の雰囲気が崩れる。教師も生徒も気分が悪くなる。中でも、真面目に学習している子どもたちがかわいそうだ。

そんな時は、真剣に取り組んでいる生徒を褒めればよい。「増やしたい、広めたい行動は褒める」の原則である。やらない生徒の当てつけにならぬよう、さらりと明るく褒めればよい。

そうやって褒めていると、自分の行いを改めようとする生徒が目に入る。その瞬間、褒めるのだ。

やろうとした瞬間に褒める

これが大事だ。すべてを言葉にしなくともよい。視線で「よく直したな」というメッセージを送るのもよいし、親指を立てて「グッド」と伝えるのもよい。肩に軽く触れるのも効果的だ。

改善の意欲をその場できちんと認め、評価してやることが大切なのだ。

ただし、褒めると一口に言っても、簡単そうで、実は難しいものだ。

平岩幹男氏は我々との学習会で次のように述べた。

「行動変容を引き起こすための鍵は『褒める』ことです。褒められた子どものセルフ・エスティームは上昇し、実際には褒めている教師のそれも上昇します。セルフ・エスティームの低い教師にセルフ・エスティームの高い子どもたちを育てることは困難です。『褒める』ことは対応の基本なのです」

「褒めることは誰にでもできますが、誰でも上手なわけではありません。褒められた側が褒められたと感じられなければ駄目です」
「現場の教師にとって『褒める』スキルを向上させることは欠かせません。褒め上手になるためには『上手になろうとすること』『褒めた経験の蓄積』が必要になります」

評価する側である我々に、変化に気づく鋭敏な神経と、ベストタイミングで「褒められた」ことが伝わるように褒める対応力とが必要とされる。この二つとも、目の前の生徒をどうにかして育もうという覚悟と、具体的表現としての修業によって身につき高まる力である。

4 毎時間、成功体験を積ませる

第三の対応は、

一時間に一度は「一人残らず全員に」成功体験を積ませること

である。

一般に、学習の苦手な生徒や荒れている生徒には、授業時間の中に活躍する場がない。五十分ただ椅子に腰かけている状態だ。これはつらい。

だからこそ、さまざまな学習活動を組み込むことで授業に変化をつけ、「俺はこの場面なら活躍できる」という場を設ける工夫が重要となる。国語ならば、漢字学習、音読、暗唱、読解、古文常識、作文、スピーチ、討論など、一時間の授業の中でさまざまな活動を組むことが可能だ。ある活動で評価が難しい生徒も、別の活動では大いに評価されるということは往々にしてある。

褒め言葉でもいい、ノートに赤丸でもいい、全体の前での発表でもいい。全員に、活躍の場を保障するのである。

私は毎時間必ず一度は、教室にいる全員のノートに丸をつける。全員を、最低一度は褒める。

以前、他学年に、常に授業終了五分前に教室に入ってくる男子たちがいた。

授業道具は持って来ない。手ぶらで登校する。

私は教科書、ノート、漢字スキル、筆記用具のセットを五セット常に準備しておいた。彼らの机の上に置いておいたのである。

彼らが音読をしなかろうがなんだろうが、淡々と授業を進めた。

そして、学習の蓄積がない子どもでも答えられるように、たとえば十個の発問のうち二つ三つを選択肢の形にした。「答えは次のア、イ、ウから一つ選んでノートに書きなさい」としたわけである。

これなら答えられる。ノートに書ける。

それだけではない。選択肢は三つだが、そのうち一つはとんでもないものにする。

たとえば登場人物の数を訊く時に、「ア、六人。イ、八人。ウ、二千人」と言う。言った瞬間に笑いが起こる。場が和む。ヤンチャの中にはウと書く者もいる。その場合、「ああ、あなたは『絶対に間違っていると考えた選択肢』を書いたんだよな。本当はアかイだと思っているんだよな」と畳みかける。実際に、「消去法ならば◯！」などと赤鉛筆で書く。

このように、相手の想定外の角度から切り込み、上を行けばいいのである。

金髪だった彼は、十一月、自分から音読をするようになった。

そして一月。『中学生のための暗唱詩文集』を用いた暗唱テストに挑み、合格した。

毎時間相手にされ、認められ、褒められれば、少年院を出てきた、「札付きのワル」と言われた生徒でさえも、変わるのである。

5　以上のことを意識して模擬授業に挑む

皮肉を言わない代わりに、常に激励する。できないことは、教えて褒める。一時間に最低一回は、一人残らず成功体験を積ませる。

この三点を意識して模擬授業に挑む。

自分では褒めているつもりでも、「褒められた感じがしない」と指摘されたり、教えているつもりでも、「何を言われているかわからない」と評されたり。一所懸命組み立てた授業を、一言でばっさりと斬られたり。

そういう経験を幾十、幾百と積んで、筋金入りの授業者になっていく。現在活躍している実践家たちも皆通った道なのである。

コラム⑤　セルフ・エスティーム

セルフ・エスティームには、自尊感情、自己肯定感、「自分を大切だと思える」などさまざまな訳がありますが、要は「自信を持って生活できること」だというのが、平岩幹男ドクターの主張です。「自分は駄目だ、うまくいかない」という負の考えに慣れてしまうと、プライドも低下し、生活や将来に対する意欲も低くなります。特に、子どもから大人まで、発達障害を抱えている場合には、セルフ・エスティームの障害が出やすいと、平岩氏は言います。

中学校に入学してくる子どもたちの中には、すでにこのセルフ・エスティームが極度に低下している子が複数います。私は彼らの傷ついたセルフ・エスティームを癒し、育むことを自らに課して指導をかさねてきました。

セルフ・エスティームが高まると、子どもは見違えたように意欲的に生活し始めます。それ以降、ドラマが次々と生まれるのです。

第5章

授業で荒れを立て直すためのQ&A

Q1 教師の授業力と教室の荒れにはどんな関係がありますか？

授業でいうと、年度当初の「黄金の三時間」。

それが終わってからだんだん授業がざわざわしてくる、あるいはダラダラしてくる。ワクワク感がなくなっていく。そういう状況があります。

そうなるのは教師の授業力が低いからです。教師の授業力の低さが荒れを助長するのです。

最初はがんばろうと思っていた子どもたちでも、だらけてくる。気力がなくなる。反抗してくる。

それは、授業力の低さゆえのことなのです。

その事実を認めずに、このクラスが悪い、このクラスはやりにくいと、十把一絡げにして子どもたちを責める。だから、子どもたちも荒れるわけです。

ですから、こちらの授業力が低い場合、それを高めようと努力していれば問題ないのですが、努力せず、自分の力量の低さを認めずに子どものせいにばかりしていると、子どもは早晩反抗してきます。

授業が下手だっていいのです。今この時点では。

がんばっている姿、勉強している姿は、口にしなくても子どもたちに伝わりますから。

なぜなら、学べば学ぶほど授業力は確実に変わっていくからです。

教師の変化を一番身近で感じているのは子どもたちです。先生の授業が変わってきた、先生の授業が楽しくなってきた、授業でワクワクするようになった、リズムがよくなり飽きなくなってきた、わかりやすくなってきた。そういった変化を、子どもたちは敏感に察します。

だから、本を読んでいる人、セミナーで勉強したりしている人は、荒れとは無縁なのですね。現時点でわずかな荒れが見えている人も、いずれ解消されていくということです。

なお、最初から荒れている子、いますよね。その場合、それ以外の子どもたちを荒らさないことが大事です。周りの子どもたちがシャキッとして、先生の方を向いていれば、荒れている子の荒れというのはそこで止まるか、改善されていくしかないんです。自分一人だけどんどん荒れていくということはありませんから。

ですから、授業力を高めて全体を巻き込んでいく力をつけるというのが、きわめて大事なのですね。子どものためにというならば、まず第一に授業力を高めることですよ。

Q2　授業中に指名しても意見を言わない生徒や何もしない生徒には、どう対応したらいいですか？

指名しても意見を言わない。これは言わないのですか、言えないのですか。ということを考えなくてはいけません。言いたくても言えないような発問、何を答えたらよいかわからない指示を出しているのなら、先生が直さなくてはいけません。

一方で、先生に反抗して言わないのなら、どうしてその子を指名する必要があるのでしょうか。指名というのは意図的なものです。列指名であれ番号順であれ、机間指導をしてランダムに指名するのであれ、意図的に指名するのです。

そのために、教師は机間指導でノートを見るのですね。

観察した記述内容をどの順番で、どのような形で発表させていけば授業が盛り上がるか。子どもたちの理解が促されるのか。

そういうことを考えて見回り、指名しなくてはいけません。

何も書こうとしないというのも同じです。書けないのですか、書かないのですか。書かないのならば、「書きなさい」と言う。「書いたら座りなさい。起立」と動かす。それが授業です。それが教師の指導です。

授業は格闘技です。

もちろん、常にガチンコで当たる必要はありません。

書こうとしない原因はどこにあるのか。それは先生が嫌いなのか。休み時間に喧嘩をしてイライラしているのか。それとも頭が混乱することがあったのか。何が原因かを読み取る必要があります。

私は子どもたちを見るためにも、休み時間から教室や廊下にいます。

授業開始のチャイムが鳴る前に教室環境を整える。人的環境も整える。

その教室や廊下の空気を授業用に整えていくことが必要だなと、私は思います。

そういった地道なことを為し続けることが大切です。

Q3　反応がまったくないクラスにどう対応したらいいですか？

クラスによっても違うのですよね。その時々でもね。

私も今授業を持っている三年生（自分の学年ではありません）は、勉強ができる子が口々に言うんです。「先生、この学級って発言しにくいんです。そういう空気があるんです」と。

そういうクラス、あります。それでも、先生の授業だけでも反応させる努力をすることはできますね。だから、反応がまったくないクラスなら、反応させる工夫を十も二十もやっていけばいいのです。

たとえば百人一首、英語カルタ、社会のフラッシュカード、反応ありませんか。スマートボードを持ち込んで授業してみましたか。クイズでもいい、班別に得点を競うゲーム形式でもいい。「ペーパーチャレラン」（紙上で行うチャレンジランキング）なんて最高です。おもしろいこと、熱中できることなら反応します。

そうやって熱中させておいて、「ほら、君たちも盛り上がることができるじゃないか」と意味付けをする。

自分たちも声を出せる、反応できる、クラスで同じことを楽しめる。それを経験させてしまうのが先ですよ。おもしろいこととは別に、必要を感じることでも反応します。人間は、必要と感じることなら意欲が湧くのです。必要と感じさせる内容と方法は、各教科でいろいろあるはずですよね。方法については、ＴＯＳＳランド（教育部門世界一のポータルサイト）もありますね。

どう対応したらいいかというのは、質問が大き過ぎます。この教科でこの方法でやったけれど反応がない、どうすればよかったかと尋ねるべきです。

私は毎時間、反応を起こさせる授業をします。それだけの準備をし、工夫します。どんなクラスが相手であっても、です。

一方で、この質問はクラスのせいにしていますよね。気持ちはわかりますけど。私自身も、自分のクラス以外のところで苦労したことがあるから、気持ちはわかります。

けれど、それを子どものせいにしてはいけない。絶対に反応を起こす、発表させてみせる、子どもに力をつけるために、やらせきる。そういった決意で先生が授業を作り、実践することです。

負けちゃいけませんよ、子どもたちの雰囲気に。先生自身が飲み込まれて、「この程度でいいや」と手を抜くのは駄目ですよ。教師の仕事ではない。

ですから、どんな状況であっても解決策はあると考えるのです。解決策は百%あるのです。自分で考え、書き出すことです。そうするといくつもいくつも出てきます。そうして出した答えをいくつか実践した後、また尋ねてみてください。

Q４　何の道具も持ってこない生徒にはどうしたらいいですか？

貸し出せばいい。以上です。

私の場合は鉛筆と赤鉛筆を二十本以上、ミニ定規と消しゴムを複数個、かごに入れて授業に持っていきます。係の生徒が取りに来て、持っていきますね。また、下敷きも二十枚用意してあります。ノートはＴＯＳＳノートの背の部分を裁断してバラにし、さらに周囲を切って小さくし、あとで自分のノートにそのまま貼れるようにしたものを持っていっています。

教科書も自分で購入したものを三、四冊持っています。「漢字スキル」や「視写スキル」も三、四冊持っています。そのくらいの準備はします。それを貸し出せばいいのです。

忘れたことをとやかく言っても、直りません。

そもそも授業が始まってからすべき指導ではありませんしね。授業中は授業をするのですから。忘れたら休み時間に謝罪、報告、決意を言いに来させる。その場で貸し出す。これが忘れ物の指導です。これで、問題はありません。

Q5　誰かが発言するたびにこそこそ話や野次がある。どう対応したらいいですか？

「やめろ」と言えばいい。「立ちなさい」と指示し、「発言した人に失礼です」と教え、「わかったら謝罪して座りなさい」と告げて、「ごめんなさい」「すみませんでした」を言わせることです。

あるいは、こそこそ話した生徒を次に意図的に指名してもよい。発表させて、「ここで野次を言われたらどう感じますか」と問い、「嫌な気持ちになります」と言わせる。「もう止めなさい」と教える。このように指導します。

馬鹿にした笑いや野次があったら、それをした生徒を立たせ、勝負する。

要は、授業に緊張感を持たせるのです。

「授業というのは神聖な場、学問の場なんだ。進んで発言することが大切なんだ。間違いなんてまったく問題ではないのだ」

「発言に対して笑われたり野次を飛ばされたりすると、発言しなければよかったと思ってしまう。その繰り返しで、発言する人がいなくなる。そうなると、授業がつまらなくなる。力がつかなくなる。そういう授業をあなたは望むのか」

このような指導を、適切なタイミングで行うのが我々の仕事です。

Q6 荒れたクラスで授業をするときに必要なことは何ですか?

いい授業をするということ。これに尽きます。よい授業を準備する。先生の授業はおもしろい、先生の授業はすごい、わかりやすいと思わせることです。それがどんな荒れたクラスであっても、です。

全員が荒れているわけではありません。半数は荒れていません。その子どもたちは学びたいと思っていますよ。荒れた環境に慣れてしまい、楽に逃げてボーッとしているけれど、こっちが言ったことに意味を感じれば、納得させる趣意説明ができれば、取り組みますよ。

まずはそういう子どもたちを相手にしていくということです。全体が先、個別対応は後、です。

荒れた子たちにしていくこともあります。減らしたい行動を無視するという原則がありますね。いちいち小さなことで構わない。どうでもいいことで注意しない。

それよりも授業をする。周りを巻き込む授業をする。

人を馬鹿にしたり、傷つけたりする行為に対しては、「立ちなさい」「今何をやったのか言いなさい」「それは○なのですか。×なのですか」と詰める。許すべからざることを許してはいけない。勝負をかけるという場面もたまにはあります。譲れない一線からは絶対に退かないというのも大事なのです。

そういう勝負をするためにも、小さなことは無視する、時には見逃す。

そういうバランス感覚が大切だと私は考えます。

Q７　ヤンチャを活躍させるにはどうしたらいいですか？

その子の好きなことをパーツで組み入れればいいのです。

だから、授業はパーツで組み立てます。

たとえば、私の学年ではないのだけれど、名句百選とか五色百人一首とかが大好きな、いわゆるヤンチャ坊主がいました。毎日数時間遅れて登校する。勉強道具を何も持ってこない。そういう子がどの学校にも一人二人いますよね。

その彼は、名句百選や百人一首が好きなのです。だとするならば、それを授業の中で五分でもいいから取り入れてやればいい。他の子どもたちだって楽しいわけだから。「伝統文化を学ぶ活動です」と大義名分をつけて取り組めばいいのです。

「授業っておもしろいじゃないか」と感じさせるのはすごく大事なことです。

活躍させるためには、活躍できるパーツを増やしてやるというのが解決法です。

瞬発力系とか好きですよね、ヤンチャ坊主は。そこで、クイズやフラッシュカード、四字熟語、体の一部が入る慣用句などを扱ってやります。そういうことを次から次とテンポよく入れていく授業をすればいいのです。

そういう配慮が、子どもには伝わるのですよ。もちろんすぐに変容はないでしょうが、スポンジに水が沁み込むように、ゆっくりと、先生の思いが伝わっていくものです。

Q8 授業で音読すらしない生徒にどう対応すればいいですか？

先ほども申しましたが、音読ができないからしないのか、できるのに面倒くさくてしないのか。教師への反抗で取り組まないのか。原因がどこにあるのかによって、対応は異なりますよね。

たとえば、時々いるのがひねくれた優等生。優等生とは言いませんね、素直でないのだから。勉強ができる子でひねくれていて、音読や暗唱を馬鹿にする子がいるかもしれません。先生のクラスに。

その場合、その子の高い鼻を折ってあげなければいけない。

あなたは自分のことを頭がいいと思っているかもしれないけれど、大してよくはないですよ、と。

まずはその子に対して直接言うのではなく、全体に言った方がいいですね。

「この中に、自分は勉強ができると勘違いして、基礎的な学習を馬鹿にしたり、やらなかったりする人がいるようだけれど、そういう人は自分が思っているほど賢くはない」

「逆に、自分は馬鹿だ、勉強ができないと思っている子もいるようだけれど、これも自分が思っているほど馬鹿ではない、駄目ではない」

「あなたたちは、過去の自分を基準にして現在の自分を決めている。過去の経験で今の自分を決めている。でもね、人間というのは、今この瞬間から変われるのです。過去を元にして未来を考えてはいけません。過去を元にして未来の目標とかを考えてはいけません。過去がどうであってもよい、今この瞬間に変わればいい。行動を変えればいい」

こういう話をするわけです。

話をした上で、音読ができるのにしない生徒には、きちんとやらせるのです。列指名でも何でもいい。

しなければならない状況を作り出すのです。

その子がせずに周りが待つような状況になれば、その子はやりますからね。

もしその生徒が荒れていて、「馬鹿野郎！」とかなんとか言うのなら、その場合は力の指導をする必要はない。淡々と受け流して、次の人に読ませればいい。読んだ子を認め、褒めていけばいい。

でも、それは何も対応せずに見逃すのとは違うのですね。「わかった、やる気がないんだな、それなら仕方ない」などと言ってはいけません。他の子もやらなくなるから。

「お前がそんな態度をとるということは何かあったんだね。気持ちが落ち着いたらやるんだぞ。次また当てるからね」このような言葉がけなどを、私ならばするでしょう。放ってはおきませんし、強烈に追い詰めもしない。全体を相手にしつつ、個別にもちゃんと相手をするということです。

Q9　授業エスケープを繰り返す生徒にはどうしたらいいですか？

先生の授業を抜け出してしまうのですね。

それは授業がおもしろくない、授業に魅力がない、わかる・できる授業ではない。それが一番の原因だと私は考えます。

すなわち、先生が努力して改善しなければならない部分があるということです。

しかし、授業が楽しかろうが何だろうが、抜け出してしまう生徒もいるのですよね。そういう体験をしたことのない人には信じられないかもしれませんが、実際にいるようです。特に、クラスの人間関係に問題がある場合ですね。一人で浮いてしまっている状況であったりとか。
そういう場合には、授業者個人の努力だけでは足りません。

校内に対応のシステムを作るのです。

勤務校の場合は、各クラスに内線がついていますから、抜け出してしまった場合には職員室に連絡します。空き時間で職員室にいる教師が対応します。

理由なく出てきた生徒は、短く指導をして授業に戻します。

一方で、その子が指導を受けてイライラして飛び出した場合、そのまま授業に戻すのはご法度です。授業を荒らします。真面目に学習している子に迷惑がかかってしまう。ゆえに、対応した先生が落ち着かせ、事情を聞きます。休み時間まで話をして、休み時間になったら謝罪させるなどの対応を取るわけです。教師からどういう意図で叱ったのかを説明させたりとか。そういう場を作るのも周りの仕事です。そういう時に、自分は空き時間だからといって日記を読んだり、通信を書いたりしているのは駄目です。そういう教師はどんなに自分のことを努力しても評価されません。

真っ先にそういう事態に対応する。それが、仲間です。組織です。

私にも仕事がたまっている時があります。でも、真っ先に席を立って現場に向かいます。自分の学年ではなくても、です。そういうことが大事ですね。それが組織で仕事をするということですから。

学校は子どもの幸せのためにあります。そのために何が必要かということを、常に考えておく必要があります。子どもというのは第一に自分の学級の子どもたちなのだけれども、自分の学年、自分の学校の子どもたちも同じなわけです。

ぜひ生徒指導委員会などで校内の対応システムを作ってください。エスケープが出たらどうするのか。どんな場合に、誰が、どのように対応するのか。文書化して学校で提案してみてください。

Q10 常に遅れてくる子がいるクラスで授業をするにはどうしたらいいでしょうか？

どう授業するか。普通に授業をすればいいのです。待たずに始める。

「常に遅れてくる」とは意図的ですよね。突発的な問題が生じたのではなく、本人が自分の意思で遅れてくるわけでしょう。その態度に対する指導は別個に行いますが、授業は授業としてチャイムと同時に始めます。もちろん工夫はあります。前時の復習からテンポよく始めるとか、フラッシュカードから始めるとか。

遅れてくる子どもが悪くとも、完全に見放してしまっては教育になりませんから。

遅れてきた生徒をどのように授業に引き入れるかということにも、教師の腕が表れます。全体を動かしつつ、その子をフォローしていくことが必要ですね。そういった個別対応は、全体に指示をして作業をさせている間に行うのが原則ですね。

その子が教科書を持ってきていないなら、教科書を貸してやり、赤鉛筆で囲い、「今ここの部分を扱っているんだよ」と教える。あるいは、先に扱った問題と今の問題がつながっているのだったら、先に解いた問題について、誰かを指して「さっきはどういう話し合いだったかな。説明して」と指示し、これこれですと説明させる。さっきまでの流れを整理して、入りやすくするということです。それは他の周りの子のためにもなりますよね。頭の整理になる。フォローの仕方はいろいろとありますよね。

間違ってもその子の存在を無視して、知らんぷりして最後まで終えるというのは止めた方がいい。それは屈辱だから。自尊心を大きく傷つけてしまいます。荒れは余計加速することでしょう。

遅れてこようが何だろうが大事にしてやる。大事にしてやる姿勢をこちらが示す。

それに乗ってくるか否か、思いが通じるか否かは、相手の子どもによります。

それでも、授業に参加する下地を整えてやる。それが仕事だと私は考え、実践しています。夜通し遊んでいて、遅刻してくる生徒がいました。その子は国語を嫌がりませんでした。ウトウトする時はありました。でもね、私は活動させますからね。意図的に音読させたり、答えさせたりして巻き込んでいく工夫を毎時間行いました。

Q11　荒れたクラスでD表5項目をどう活かせばいいですか？

どう活かすかというのはちょっと違います。D表五項目は教師として血肉化すべき五項目なのです。血肉化して、意識せずとも実践できるようにする。その修業をすれば授業が変わります。荒れたクラスでも対応できるようになるのです。

具体的には、まずサークルで模擬授業をする。セミナーで授業技量検定を受ける。あるいは教室の背面に五項目を貼り、授業のたびに意識する。そういった修業をすることです。

私はD表を五回受検し、四回目で二十一級を取得しました。最初は福岡で受けたのです。初めて百名を超える教師の前に立って、です。検定者は熊本の椿原正和先生でした。目の前の子役に長崎の伴一孝先生や中央事務局の先生方がいて。サークルで模擬授業もほとんどしていないのに、完全アウェイで検定を受けました。

しかも、追試ではなかったのです。オリジナルの国語の授業を全部自分で作りました。

本番、頭が真っ白になりました。なぜ真っ白になったかというと、自分の発問に対し、想定外の答えがたくさん出されたからです。たった五分間の授業なのに、確定系（答えが一つに決まる）の発問を準備しなかったのです。そういう意識そのものがなかったのですね。

それでもなんとか最後まで終え、二十六級と認定されました。

次に受けたのは、そこから一、二カ月後の高校セミナーでした。七十名くらいの会場でした。兵庫の井上好文先生と神奈川の石黒修先生が検定者でした。もちろんオリジナルの授業を作って勝負しました。

しかし、二十七級。教態は褒められたのですが、「余計なことを説明するな」と言われました。セミナー後の懇親会でも、「お前は何をやっているんだ。こんなところで何をやっているんだ。早く上がってこい」と叱られましたね。

それからまた一カ月後くらいに、埼玉の小森栄治先生の勤務校でD表検定がありました。そこには理科の先生しかいないと聞き、力をつけるよい機会だと考えて乗り込みました。またまたオリジナルの国語の授業です。四十名くらいの会場でした。それで二十四級。

その次の検定で二十一級に認定されました。そういった修業を、私もしてきたのです。

その後もC表二回、B表二回、A表二回と受け続けています。授業を作り、検定を受け続ければ、授業力は確実に上がりますよ。

Q12　長谷川先生は日頃から生徒との人間関係を作っていくのが大事だと言っていますが、子どもといつ、どのくらい関わっているのでしょうか？

「いつ」の答えは毎日。必要があれば夜間も。時には休日もです。必要だと思ったら何でもします。

時とか場所とか、あまり気にしません。親御さんのいない子どもと夕食を食べに行くことも何十回とありましたし、家にいると他校生徒のたまり場になってしまう生徒を自宅に連れてきて、合唱の指揮練習を三週間連続でしたこともあります。すべて校長先生の許可を得てのことです。

いわゆる不良生徒の多くは、「不幸」生徒です。私が出会った子どもたちはほとんどがそうです。家庭に恵まれていないのです。あるいは、家庭が崩壊している。子どもだけで生活しているケースもありました。朝と夜、給食を抜いたらコンビニ弁当っていう子が学年に十名余り。全校では二桁くらいいたのです。だったらたまには温かいご飯を食べに行くくらいいいじゃないかと。食事をしながらだと、心が開いてたくさん話せるでしょう。

また、学校から離れるといろいろなことを話す子がいるのです。近所の公園に行くだけでも違う。ただし、すべての先生にそれをやれと言っているのではありません。私は私で、自分の無理のない範囲でやっていくだけです。無理は続きませんからね。

だから、どのくらい関わっていますかと聞かれれば、そういう形でいつも関わっていると答えます。その子にとってこれが必要だと思ったら貫いていく。昼夜関係なく。大晦日に出動したこともありますよ。目の前の子が困っていたり、苦しんでいたりしたら、私はできることをやりますよ。それが私の理想の教師像であり、求めている姿ですから。

関わる過程で最も大切なことを一つ挙げろと言われたら、「見返りを求めないこと」と答えます。見返りを求めると、相手への要求がどんどん高くなるし、その分自分も相手も辛くなりますから。

Q13 学力保証のために行う手だてには、授業以外に何がありますか？

私はいろいろやっています。赴任してすぐに取り組んだのは『グレーゾーンの子どもに対応した作文ワーク』（大森修・横山浩之 明治図書）です。一日一枚で百日続ける「作文道場」を作り、学年の子どもたちに希望者を募りました。これで三十人くらい来ましたね。

次にしたのは、職員会議で提案して学年で取り組んだ冬休みの補習です。私が数学、友人のALTであるレベラント・ピーター氏が英語を一時間半ずつ、五日間補習するという形です。なんと学年の九割以上の子どもが申し込みました。部活の後、お弁当を食べ、勉強して帰っていくわけです。

それ以外にも、学年で協議して、あの子とあの子にはこの課題を、あの子とあの子にはこの課題をというふうに、学力保証のための課題を出しました。彼らは部活が終わると丸をもらいに来ます。TOSS教材を紹介したりもしています。

ある日の私の日記を紹介します。


通常学級に在籍しているが、WISC（個別の知能検査）でボーダー以下の生徒が一年生だけで四名いる。小学校時に通級していたり、不登校だったりした子どもたちである。

授業にはまったくついていけていない。いくつかの授業に出なくなり、その時間は相談室で過ごすようになった。

私は二学年主任であり、一年生の授業は出ていない。しかし、特別支援教育コーディネーターとして、その子どもたちに関わっている。

いま、子どもたちがよく取り組んでいるのは、『教室ツーウェイ』二〇〇二年一月号臨時増刊である『TOSS版読み・書き到達度評価検定テスト』である。十年前のもので、中には修正した方がよい問題もあるが、そこは助言をしたり削ったりしつつ、進めている。

九十点、百点を取って、「いつ以来だろう！」と喜んでいる顔が素敵だ。

（二〇一三年春からは「あかねこ中学読解スキル」（光村教育図書）を必ず用いる。私たちが開発した教材である。読解の苦手な生徒に着実に力をつけるこのスキルを、読者にもお勧めする。）

その中の女子の一人とは、買い物のトレーニングをしている。

「計算しながら買い物をしたことが一度もない」

最初、彼女はそう言った。計算は、ほとんどできなかった。

そこから始めて、お金を使った計算を勉強し、昨日、実際にコンビニエンスストアに連れて行った。

（ずっと以前、赴任した年にいろいろあって、店主が私のことを気に入ってくれ、以後さまざまな形で支援をしてくれている。）

さて、昨日の予算は千円。私が言ったものを、次々買っていく。

そのつど、およその合計を出させる。

昨日は、レジに向かおうとした時点で約九百円という計算だった。

と、私が言う。

「あ！　サンドイッチも食べたいなあ。◯◯さん、買っても平気かなあ」

「大丈夫だと思いますよ」

値段を見て、彼女は言った。

いざレジへ。彼女の手には千円札が握られている。

「はい。全部で千百十一円になります」

「えーっ！　千円超えちゃった！！！」

彼女は私を見て、笑顔で言った。

「先生がサンドイッチ食べたいって言ったから！」

「ごめんごめん！　次は『先生駄目だよ』って止めてね」

やりとりを見ていたパートの方々が、「でも、千百十一って、いい数字じゃない！」などと声をかけてくれた。

帰り道。「先生、次はおでんを買ってみましょう！」などとはしゃぐ彼女。

彼女が一人で買い物をできるようになるまで、このトレーニングを続けるつもりだ。

とにかく、子どもに力をつけるために必要と思ったことをやるのです。

皆さんもそういうことをぜひやってみるといいですよ。仕事の九十五％は目に見えないのです。人の目に見えるのは五％くらいです。私が学級通信に書いたりセミナーで話したりしていることは、全体の五％です。氷山の一角にすぎない。そう思っていてください。その土台となっている九十五％は、人には見えないけど、日々着実にやっているのです。

Q14　自尊心の向上がなぜ必要なのでしょうか？

まずは子どもたちに限定して言います。

小学校時代に成功体験を積まずに、中学生になったとします。自分が挑戦したこと、がんばったことを、プラスに評価されなかったということですね。褒められなかった、ということですね。

褒められない、認められない。これでは、承認欲求や所属欲求が満たされません。よって、心理面で、大きな大きなこじれが生じるのです。自分がどんなにがんばってもできなかった。または、結果を出したのに、それを誰も評価してくれなかった。あるいは自分が失敗しても励ましてくれる存在がいなかった。そういう場合に子どもは荒れるか、無気力の塊になります。

私の目の前に現れた、出会ってきた子どもたちの中には、そういう環境で育った子がきわめて多く存在しました。小学校時代に失敗を積み重ね、注意や叱責ばかりされ、荒れた子。または荒れた友達の姿を見て、「あぁ、あんなに楽をしていいんだ、あんなに好き勝手やったっていいんだ」「先生が怒ったって関係ねえや」と、誤学習してしまった子どもたちです。周りに気を遣うあまり荒れることができずに、鬱的になり不登校に陥った子も同じです。

その子たちに私が何をするかといえば、自尊心を向上させること、そのために褒めることです。

第一は授業です。

失敗体験ばかり積んできた子どもは、挑戦することができません。

そんな彼らに、私は次の言葉を贈ります。

「挑戦の先には、成功か学びか、どちらかしかない」

すなわち、失敗はないということです。失敗なんか何回したっていい、それより何よりやってみることだ、挑戦することだ、それが大事だと、手を変え品を変え千回万回教えるのです。

そして、楽しく、わかる授業をする。できないことをできるようにさせるのです。

また、学級で仕事を与えたり、行事で活躍の場を設定したりして、そこで実際に活躍させ、働かせて、それを褒めるということも積み重ねます。

そのような取り組みの過程でできるようになったこと、挑戦したこと、ほんの少しでも成長したことを言葉で褒め、ノートに丸をつけて褒めます。本人に対して褒めるだけでは足りません。クラス全体の場でももちろん褒めます。学級通信でも大々的に褒めます。保護者に手紙を書くこともします。

たとえば、「私が重い荷物を持って廊下を歩いていたところ、Aさんが近づいてきて、『先生、持ちます』と言って、持ってくれました。そして教室まで一緒に運んでくれたのです。とても嬉しかったです。ひとえに御家庭の教育の賜物です。素晴らしいお子さんに育っていますね」という形で一筆箋に書く。それをAさんに渡す。「親御さんに渡してね」と言って、です。

加えて、学級通信に書き、生徒と保護者に伝えます。学年通信にも書きます。校長先生からも褒めてもらいます。私はそこまでして、褒めてきました。

結果として子どもたちは、一人の例外なく、成長していきました。

自尊心が向上すると、子どもの心が健やかになります。子どもが本来持っている前向きさ、明るさ、素直さというのを、表に出させるために、自尊心の回復と向上はきわめて重要なのです。

自己否定感、劣等感で固まっている子どもたちがいますよね。教えて、褒めるという教育は、彼らの否定的な感情、マイナス感情を一つ、また一つと取り除いていくことでもあるわけです。

そういうふうに考えると、自尊心の向上がなぜ必要なのかがわかります。子どもの幸せにとって、子どもの豊かな人生にとって、あるいはその子の周りの人たちの幸せにとって、必要なのです。私はそう信じて、実践を続けます。

第6章

若き教師へのメッセージ

二〇一一年十一月上旬に横浜で開催した学習会で、次の質問を受けた。

二十代で最も力を注いだことは何ですか。

「当たり前のことですが」と前置きして、私は答えた。

子どもの事実をつくりあげることです。

「子どもの事実と教師の腹の底からの実感。この二つのみに依拠して教師修業をせよという向山洋一氏の主張に共鳴し、新卒三年目からTOSSで学び始めました」

「子どもの事実をつくりだすためには、腕をあげることが必須です。だから、本を読み、セミナーに参加し続けました。向山氏をはじめ、憧れの実践家を追い続けました。

二十代は年間四十から五十のセミナーに出ていました。北海道から沖縄まで、ほとんどの都道府県に一人で出かけていました。

中学教師ですから、土日と長期休業中は部活指導があります。やりくりに苦心しつつ、とにかく学びに出続けたのです。

また、サークルをつくり、仲間と共に磨き合いました。研修会主催をはじめさまざまな企画を立て、実現しました」

「それだけで終わってしまったのでは、子どもの事実をつくりだすことはできません。

『これは！』という学びを、次から次へと行動に移していったのです。

セミナーでお客さんとして聞いて『すごい』で終わらせるのではなく、現場で一つ、また一つと実践していったのです。そのたびに、目の前の子どもたちが成長していきました。子どもの成長は教師の成長に規定されます。私はこのことを何十回何百回と実感してきました。教師にとって学び続けることは義務であり、使命なのです」

以上が私の二十代の生き方である。

特に二十代は多くが独身であり、金と時間とエネルギーを自分に投資できる貴重な時期である。ここで徹底的な自己投資をせずに遊び呆けたり、趣味に生きたり、部活動を私物化して学びを疎かにしたりしては、その教師が不幸になるばかりでなく、出会う子どもたちの大半が不幸になっていく。

子どもたちが伸びないこと、変容しないことの原因を自分の力量の低さに帰し、さらなる鍛錬を積んでいく。その道を歩むことを決意した二十代に向けて、自身の反省も込めて「五カ条」を述べることとする。

第一条　子どもに正対せよ

たいへんな事情を背負う子どもほど、教師の支えを必要としている。さまざまな方法を用いて、どこまでも関わり続けることである。決して見捨てないことである。時間とエネルギーを注ぎ込み、あらゆる活動で「全員参加・全員本気・全員成長」を実現してほしい。

第二条　最もできない子をできるようにするために、授業力を磨け授業で「逆転現象」を連続的に起こし、「誰もが可能性をもっている」ことを事実として示すことだ。それを為し得る授業力を磨くために、研究授業百回、模擬授業三百回に挑んでほしい。授業技量検定の受検も必須だ。授業を人目に晒し、恥をかき、直してもらうのである。それをせずして授業の腕の向上はない。

私の授業技量検定初受検は二十六の時であった。ちょうどその前年にこの受検システムが始まったのだ。戻れるならば、教師になってすぐから、いや、学生時代から受ける。

第三条　憧れを抱き、その人物の言動を追い続けよ

憧れる人物のもとに何十回何百回と通い、教えを請うことである。それが日本のどこであっても、だ。また、学校にも尊敬すべき教師が一人や二人はいる。その教師に頭を下げて教えを請うことも大切だ。

第四条　本を読め

日々の授業の充実にも技量検定の受検にも、読書は大前提である。私にはこの読書が圧倒的に足りない。師匠である向山洋一氏から何度も指導されている。

第五条　共に学ぶ仲間を求めよ

教師修業は果てしがない。一人では苦しくなることもある。そんな時でも、仲間とならば続けることができる。同じ志を抱く教師を探し、サークルをつくることを強く勧める。

もう三十代半ばとなった今も、私はこの「五カ条」を常に意識して教師修業に励んでいる。目指す峰は遠く、高く、険しい。

その峰に向かって、私もまた私の場で教師修業に励む。
志ある後輩たちにも、ぜひ教師修業の道を歩んでほしいと願う。

二十代の修業五カ条

第一条　子どもに正対せよ
第二条　最もできない子をできるようにするために、授業力を磨け
第三条　憧れを抱き、その人物の言動を追い続けよ
第四条　本を読め
第五条　共に学ぶ仲間を求めよ

あとがき

出会った子どもたちにとって一ミリでも高い価値のある教師になる。そのためにＴＯＳＳの門を叩いてから、早十年が過ぎた。

十年間、現場で、平日夜間のサークルで、休日のセミナーや医教連携学習会で、企画会議や編集会議で、また社会貢献活動の場で、ひたすらに授業力と統率力とを磨いてきた。

学校教育の中心は授業である。一日八時間学校にいて、そのうち六時間は授業なのである。

この六時間で知識や技能を高めずして、自尊心を高めずして、どこをどういじってみても生徒が成長することはない。

自尊心の高い子は自分を大切にする。人生をきちんと考える。周囲の人間をも大切にすることができていた。

逆に、幼少時からの不幸な出来事や誤った教育、障害への無理解による不適切な対応などで自尊心を傷つけられた子どもたちは、刹那的な生き方をしていた。自分に損になることも平気で繰り返した。周囲の人間にもつらく当たった。中には嫌われることを進んでやって、孤立していく子もいた。明らかに間違った行為であるのに、指導されても止められない子たちもいた。

その子どもたちを授業で活躍させる。

学力を保証する。「今日も楽しかったな」「先生、今日の国語の授業、おもしろかったよ」「できたよ、国語が好きだよ」と生徒たちが思えるような授業をする。

そのために、我々教師は学び続ける必要がある。

まずは自分が変わり、結果を出す。その第一歩として、私は向山洋一氏が提唱した「授業の原則十カ条」を学び実践することから始めた。

次いで、共に働く教師たちの授業力を高め、学校の実態を「授業」で変革していくために、「十カ条」をテキストとした教師同士の「模擬授業研修」を開始した。七年前のことである。

学期に一回ずつすべての教師が授業をし、協議をする。私はすべての授業に代案を示す。全国の学校に先駆けて、このシステムを取り入れた。

また、全国区の実践家による優れた授業を紹介し、優れた教材教具の使い方を実演することもした。

この模擬授業研修と並行して、特別支援教育の研修も年に二回ずつ行ってきた。

そのような研修の蓄積の末に、授業エスケープゼロ、非行問題行動ゼロ、まったく学校に来られない生徒もゼロという事実が生まれた。

そこに必要なのは怒鳴る、叱責する、時には手を出すような従来の「力の生徒指導」ではなかった。

「教えて、褒める」を幹とする教育であった。

力の生徒指導とは異なり、「教えて、褒める」教育に即効性はない。一滴一滴、スポンジに水を沁み込ませるような取り組みである。教えて、褒めて、できなければまた教える。できるまで教える。その積み重ねである。即効性はないが、目の前の生徒の一生をつくっていく教育である。障害の有無を問わず、重要な教育である。

入学してきたすべての生徒にどう対応し、いかに伸ばすか。どれだけ自尊心を高めた状態で卒業させるか。今後もさらに腕を磨き、事実を生み出し、全国の教師に問題提起をしていきたい。

◎著者略歴

長谷川博之（はせがわ　ひろゆき）

1977年１月17日生。早稲田大学卒。現在埼玉県秩父市立高篠中学校勤務。NPO法人埼玉教育技術研究所代表理事。TOSS埼玉志士舞代表。日本小児科連絡協議会「発達障害への対応委員会」委員。全国各地で開催されるセミナーや学会、学校や保育園の研修に招かれ、講演や授業を行っている。また自身のNPOでも年間20ほどの学習会を主催している。主な著書に『クラス皆が一体化！　中学担任がつくる合唱指導』『子ども・保護者・教師の心をつなぐ“交換日記＆学級通信”魔法の書き方と書かせ方』『“就学時健診”から組み立てる発達障害児の指導』（以上、明治図書）等がある。
E-mail : hirobing@mx1.ttcn.ne.jp

中学校《ちゅうがっこう》を「荒《あ》れ」から立《た》て直《なお》す！

2013年3月20日　初版発行
2013年5月15日　第2版発行
2013年9月1日　第3版発行
2014年6月25日　第4版発行
2015年4月10日　第5版発行
2017年10月16日　第6版発行

著　者　長谷川博之
発行者　小島直人
発行所　株式会社 学芸みらい社
〒162-0833 東京都新宿区箪笥町31番 箪笥町SKビル3F
電話番号 03-5227-1266
http://www.gakugeimirai.jp/
E-mail : info@gakugeimirai.jp
印刷所・製本所　藤原印刷株式会社
ブックデザイン　荒木香樹

落丁・乱丁本は弊社宛お送りください。送料弊社負担でお取り替えいたします。

ISBN978-4-905374-19-0 C3037

学芸みらい社の既刊

日本全国の書店や、アマゾン他のネット書店で注文・購入できます!

世界に通用する伝統文化 体育指導技術

根本正雄 著　　A5判　192ページ　定価:1995円(税込)

楽しい授業づくりの原理とは!?

目を輝かせ、生き生きと活動する子どもを育てたいと願った。教育の目的は人づくりである。生きていることに、自信と喜びを持つ子どもを育てたかった。　よさこいソーランを世界に伝える／逆上がりは誰でもできる／楽しい体育の授業づくり／子どもが輝く学級づくり／地域との連携を図る学校づくり／私を鍛えてくれた子どもたち

全員達成! 魔法の立ち幅跳び
「探偵!ナイトスクープ」のドラマ再現

根本正雄 著　　A5判　176ページ　定価:2100円(税込)

人生は立ち幅跳び!

5cmしか跳べなかった女性が143cmも跳んだ。その指導過程を全国の学校で実践した大成果!!　番組では紹介されなかった指導過程を公開。人間の持っている可能性を、自らの力で引出し、生きていくことの喜びを体現してほしい。「探偵!ナイトスクープ」の体験から、授業プランを作成、全国の学校で追試・実践した!!

向こうの山を仰ぎ見て
自主公開授業発表会への道

阪部 保 著　　A5判　176ージ　定価:1785円(税込)

授業を中心とした校長の学校づくりとは!

こんな夢は、校長だから見ることが出来る。勝負はこれから。立ち上がれ!　舞台は整った!　本物の教育者とは?　本物の授業をみせること!　本物の授業者を目指す志士たちへ——。これは、高い峰に設定した自主公開授業発表会に漕ぎつけた楽しいタタカイの記録である。

学芸みらい社の既刊

日本全国の書店や、アマゾン他のネット書店で注文・購入できます！

アニャンゴの新夢をつかむ法則

向山恵理子 著　　新書判　224ページ　定価:950円(税込)

新しく夢をつかみとってゆく。

私の青春は、焦りと不安と挫折だらけであった。音楽修業を決意し出発はしたものの9・11テロでアメリカに入国さえできずに帰国。ケニアでは、ニャティティの名人には弟子入りを即座に断られ……しかし、いつもあきらめずに夢を追い続けることが、今の私を作ってきた。そして私の夢はどこまでも続く!!

もっと、遠くへ

向山恵理子 著　　四六判　192ページ　定価:1470円(税込)

ひとつの旅の終わりは、次の夢の始まり。

夢に向かってあきらめずに進めば、道は必ず開ける!　世界が尊敬する日本人100人(ニューズウィーク)にも選ばれた“アニャンゴ”の挑戦記!　世界初の女性ニャティティ奏者となって日本に帰ってきたアニャンゴこと向山恵理子。……世界での音楽修業のあれこれ……しかし、次々やってくる、思わぬ出来事!!　試練の数々!!

日本人の「心のオシャレ」

「生き方のセンス」が人生を変える

小川創市 著　　四六判　226ページ　定価:1575円(税込)

「人を幸せにする、心のあり様」を取り戻す

日本人が誰もが持つ「心のオシャレ」というものを突き詰めていくうちに見えてきたのは全人類に共通する「普遍的なもの」だったのです。それは「思いやり」であり、相手の立ち場に立ってみることができることであり、また人を幸にすれば、回りまわってやがては自分に返ってくるという単純なことなどです。「心のオシャレ運動」推進中!!